IMUA
Reise ins Urvertrauen

Loslassen – Aufwachen – Frei sein

Hawai'i Memoiren

Sharon Makana Seban Verlag

Inhalt

Aloha und willkommen!

Wie schön, dass du dieses Buch in den Händen hältst und offenbar den Mut hast, dich mit mir auf eine Reise zu begeben, die dein Leben verändern kann. Mich hat es Mut gekostet, ein spirituelles Memoire zu veröffentlichen, das so persönliche Einblicke in meine Innenwelt ermöglicht.

Es enthält die Einladung, den inneren Raum zu erweitern, Begrenzungen hinter dir zu lassen und zu entdecken, welche Schätze das Leben für dich bereithält, wenn du die ausgetretenen Pfade der Vergangenheit verlässt, um deinen eigenen Weg zu gehen.

‚Makana' ermutigt dich außerdem, wieder mehr zu spielen, dich für Wunder zu öffnen und die Magie des Lebens hereinzulassen. Dieser Name bedeutet ‚die Gabe', oder ‚das Geschenk' und er ist in einem Moment des Erwachens zu mir gekommen, während der vier Jahre, die ich mit meinem Sohn auf Hawai'i gelebt habe.

Die Geschichten, die ich im Buch erzähle, hat Makana im Jahr 2018 erlebt. Sie sind zwar in einer chronologischen Reihenfolge zu lesen, beinhalten jedoch lange nicht die ganze Reise von zwei Monaten. Die Abenteuer repräsentieren energetische Räume, aktivierende Momentaufnahmen und Schlüsselerlebnisse.

Falls du beim Lesen bezweifelst, ob du dir eine solche Erfahrung zutrauen würdest, lass dir auf den Weg mitgeben, dass Zweifel ein Tor zu großer innerer Befreiung sein können. Ich selbst bin jahrelang als Einzelkämpferin durchs Leben gegangen, daran gewöhnt, mich durchzuschlagen. Existenzängste waren stete Begleiter. Konzepte wie: ‚Was machst du, wenn alles Geld aufgebraucht ist und du ohne Job mit leeren Händen dastehst?' sind während meiner Initiationsreise immer wieder mal aufgetaucht. Das Einzige, was mich möglicherweise von dir unterscheidet, ist, dass ich solchen Gedanken nicht mehr die Macht gebe, mich zu definieren oder aufzuhalten.

Ich wollte lernen, mit der unerschütterlichen Gewissheit durchs Leben zu gehen, dass ich vom Universum gesponsert, getragen und genährt werde – immer. Nicht, weil ich es auf die eine oder andere Weise verdient habe, sondern weil ICH BIN. So brach ich auf, das Gebiet zu erforschen und mir die Erfahrung zu ermöglichen, dass es funktioniert.

Ich arbeite seit Jahren als Seminarleiterin und Begleiterin tiefer transformierender Prozesse. In diesem Buch schenke ich dir einen Blick hinter die Kulissen, wo ich selbst verletzlich, authentisch und echt durch solche Entwicklungsprozesse gehe und mich vom Leben inspirieren lasse. Die hawai'ianischen Inseln haben mich unendlich reich beschenkt und verwandelt, und ich freue mich, einen Teil dieser Geschenke an dich weiterzugeben.

Übrigens: Wenn ich im Buch von ‚Downloads' spreche, ist das Empfangen von Informationen auf energetischer Ebene gemeint. Sie kommen als Impulse, Eingebungen und/oder Bildern zu mir.

Ich wünsche dir eine glückliche und erkenntnisreiche Reise.

Sharon Makana

IMUA – mein Weg beginnt

Meine Reise ins Vertrauen beginnt, bevor ich sie überhaupt antreten kann. Ist es nicht oft so? Wahrscheinlich, weil das Leben selbst eine großartige Expedition voller Überraschungen, Lernchancen und Spielplätze ist.

Seit ich den Wunsch ins Feld gegeben habe, die hawai'ianischen Inseln zu bereisen, um mein Urvertrauen wiederzuerlangen, hat Spirit mir schon vor der Abreise drei Lektionen erteilt, als wolle er mich mit seinen Spielregeln vertraut machen.

Der Zugang zu Spirit, den viele meiner hawai'ianischen Freunde ganz natürlich verkörpern, ist mir während des Lebens auf der Big Island ans Herz gewachsen. Er fühlt sich greifbarer an, weniger abstrakt als Gott, mehr wie der Austausch mit einem Spielkameraden oder einem großen Bruder. Ob wir die Schöpferkraft Spirit, Quelle, Leben, Universum bzw. Gott nennen, ist für mich nicht relevant, es sind Namen für ein und dasselbe: Die eine Kraft, die alles lenkt und ordnet, aus der wir hervorgegangen sind und mit der wir uns wieder vereinen werden. Die Energie, von der wir nie getrennt waren, auch wenn wir Getrenntsein spielen, um einen Splitter erforschen und dem großen Ganzen mehr Bewusstsein über sich selbst hinzufügen zu können.

Seit ich 2014 auf eine Weltreise aufgebrochen bin, hat sich mein Leben grundlegend verändert und der Wunsch, mich dem Fluss des Seins bedingungslos hinzugeben, ist immer stärker geworden. Ich wollte lernen, mich führen zu lassen, unterscheiden, woher die Stimmen in meinem Inneren kommen. Bewusst wählen, auf welche ich höre und wachsam beobachten, wie die Pflanze aus den gesäten Samen heranwächst. Das Vertrauen entwickeln, dass ich mich beim Fällen von Entscheidungen auf mich verlassen kann, weil ich im Einklang mit dem Höchsten mit jeder

Wahl das Bewusstsein erweitere und der Evolution auf dem Planeten diene.

Es fällt mir leicht, anderen Menschen kraftvolle Räume für Transformation und Heilung zu erschaffen, und an ihrer Dankbarkeit erkenne ich mich wieder. Nun möchte ich auch mir eine Oase der inneren Geborgenheit zaubern. Höre ich auf das, was für mich wahr ist, oder lasse ich mich von Angststimmen in die Irre führen? Was treibt mich an? Woher kommt dieser Antrieb und ist das überhaupt meiner oder ein antrainierter Mechanismus, der mich im Hamsterrad des Leistungsbewusstseins festhält? Wie funktioniert das Kreieren der eigenen Realität? Und wie sieht das im Einklang mit dem Leben aus?

Ich habe vor, mit wenig Geld und ohne konkreten Plan von Insel zu Insel zu reisen und mich mit meinen Fragen direkt an Spirit zu wenden. Angetrieben von der essenziellen Frage: *Was braucht es, damit ich mir und dem Leben bedingungslos vertrauen kann?*

Ich habe dieses Buch „IMUA – Reise ins Urvertrauen" genannt. IMUA bedeutet auf Hawai'ianisch „voranschreiten, drauflosgehen, sich auf eine Sache, Idee oder Person einlassen, sich ihr verpflichten". Mir lag am Herzen zu lernen, im Einklang mit Spirit zu leben.

Big Island 1: Lektionen von Spirit

Ich schiebe den Entscheid eines konkreten Abreisedatums vor mir her, weil mich Verpflichtungen binden. Erzähle ich mir. Doch Spirit sieht das anders. Er legt mit seinem Einführungskurs sofort los.

Lektion 1: Wie Spirit Lebensgefahr abwendet

Ich arbeite eine Doppelschicht auf dem Adventures-Boot, auf dem wir Ausflüge zu den Mantarochen anbieten. Da der Sommer naht und das Wasser wärmer wird, trage ich nur meinen kurzen Drei-Millimeter-Neoprenanzug, der weder Arme noch Beine bedeckt. So habe ich mehr Bewegungsfreiheit beim Schwimmen und Ziehen des Boards, an welchem sich die Gäste festhalten. Sie liegen flach auf dem Bauch, das Gesicht im nachtschwarzen Wasser und schauen den Mantas bei ihrem graziösen Unterwassertanz zu. Die in die Unterseite des Bretts eingebauten Lampen ziehen Plankton an, welches Mantarochen anzieht, die das fressen wollen.

Jäh spüre ich einen brennenden Schmerz und sehe, dass sich lange, glänzende Fäden um Arme, Beine und Hals gewickelt haben. Sie kleben auf meiner nackten Haut.

Ich versuche, sie abzuziehen, aber das macht es nur schlimmer. Da die Gäste unverletzt zu sein scheinen, ziehe ich uns aus der Gefahrenzone, weg von den Quallen. Es brennt wie die Hölle, doch ich muss die nächsten 45 Minuten, die der Ausflug dauert, im Wasser überstehen. *Tu so, als wäre nichts. Lass dir die Schmerzen nicht anmerken.*

Meine Aufgabe ist es, den Gästen Sicherheit zu vermitteln, daher muss ich jeglichen inneren Aufruhr unterdrücken. Einer unserer größeren Mantas kommt auf uns zu geschwommen. Die Leute quietschen vor Aufregung, als das Tier unter dem Brett eine Rolle macht, um das Plankton zu fressen.

Mit Not schaffe ich es, durchzuhalten. Zurück auf dem Boot habe ich einen einzigen Gedanken: das brennende, klebrige Quallengift abzuspülen, damit der pochende Schmerz sich endlich legt.

Ich reiße mir den Neoprenanzug vom Leib und greife nach dem Schlauch, als Captain Lucy „Nicht!" schreit und ihn mir aus der Hand reißt. „Jellies?", fragt sie.

„Ja, es tut so weh. Ich muss sie loswerden, damit es aufhört zu brennen", rufe ich und entferne die restlichen Quallenhaare mit einer Pinzette. Der Schmerz hatte mein Urteilsvermögen kurzzeitig getrübt, denn normal weiß ich, dass man Quallenstiche niemals mit Süßwasser ausspülen darf. Quallen haben an ihren Tentakeln Nesselzellen, in welchen sich Nematocysten, harpunenartige, mit Gift gefüllte Strukturen befinden. Spült man diese mit normalem Wasser, setzen sie noch mehr Reizstoff frei.

Auf der Rückfahrt zum Hafen arbeite ich mechanisch, mein aufgesetztes Lächeln täuscht über die Schmerzen hinweg, die im Körper pulsieren. Ich helfe den Gästen aus den Neoprenanzügen, verteile heiße Schokolade und Obst, sammle den Müll ein, damit der Fahrtwind nichts vom Deck weht, und bereite das Boot zum Anlegen vor.

Normalerweise spiele ich mit dem fluoreszierenden Plankton oder bewundere den bezaubernden Sternenhimmel, bevor wir im Hafen einlaufen. Doch an diesem Abend kann ich nichts davon genießen. Mein Körper ist mit roten Flecken übersät, Gesicht und Hals sind geschwollen. Leider ist die Qual nicht überstanden, denn ich muss ein weiteres Mal mit Gästen hinausfahren. Danach würde ich nie wieder im Shorty arbeiten. *Morgen Abend werde ich meinen Fünf-Millimeter-Ganzkörper-Neoprenanzug anziehen, den ich sonst nur zum Tauchen trage. Ich will kein zweites Mal so leiden müssen.* Noch ahne ich nicht, dass diese Entscheidung nicht nur mir, sondern auch zwei Gästen das Leben retten wird.

Am darauffolgenden Abend ist die See wild und der Wind kalt, als wir auf der überfüllten ‚Manta Lover' frierend zur nördlichen Manta-Station schaukeln. Anstatt den Sonnenuntergang zu genießen, kämpfen die meisten mit Seekrankheit.

Doch draußen sind alle Anlegeplätze belegt – wir müssen die Gäste ‚fliegend absetzen'. Keine Zeit für Flossen, keine Zeit für Zweifel.

Ein Jugendlicher blockiert die Leiter, ein Mann zögert, sich ins dunkle Wasser zu begeben – wir driften bedrohlich nah ans Nachbarboot. Dann springt jemand bei laufendem Motor ins Meer. So gefährlich!

Als endlich alle drinnen sind, ziehe ich das Beobachtungsbrett Richtung Mantas. Kaum angekommen, beginnt das nächste Drama: Der Teenager lässt das Floß los und schwimmt ziellos in die Dunkelheit. Das Brett zu verlassen, ist ein absolutes No-Go! Die meisten Gäste, die auf eigene Faust zum Boot schwimmen wollen, verirren sich. Gott sei Dank sehe ich es trotz des ganzen Tohuwabohus und kann ihn aufhalten.

Er und ein weiterer Gast wollen unbedingt zurück zum Boot. Nachdem ich die restlichen Gäste einem Kumpel von einem anderen Team anvertraut habe, schwimme ich mit den beiden los. Doch unser Boot ist außer Sichtweite. Wir paddeln im Dunkeln in die ungefähre Richtung. Dann: Panik. Der Junge übergibt sich mir ins Gesicht, der andere Gast versinkt. Ich tauche – finde ihn unter Wasser, ohne Rettungsweste, obwohl er vorher noch eine anhatte. Als ich beide an die Oberfläche ziehe, klatscht uns eine Welle ins Gesicht und sie klammern sich panisch an alles, was sich ihnen bietet. Stress pur. Fast hätten sie sich gegenseitig ertränkt – und mich dazu!

Ich drücke einen kurz unter, damit er mich loslässt, drehe beide auf den Rücken, packe sie am Nacken und strample wie verrückt gegen die Wellen an. 200 Meter entfernt sehe ich das Boot, rufe, pfeife –, doch keine Reaktion von Captain Keoni. Adrenalin schießt durch meinen Körper. Was, wenn ich es nicht schaffe, die beiden unversehrt zurückzubringen? Ich muss mich zwingen, den eigenen Stress zu minimieren. Es ist eine echte Herausforderung, zwei Menschen zur gleichen Zeit über Wasser zu halten. Ich fordere sie auf, mir beim Schwimmen zu helfen, aber sie sind so im Überlebensmodus gefangen, dass sie keine Anweisungen befolgen. Inzwischen bin ich schon zufrieden, wenn sie aufhören, sich gegenseitig zu ertränken. Gott sei Dank habe ich die langen Freitauchflossen an!

Wellen, Wind, keine Rettung. Meine Arme brennen, die Beine zittern. Wut kriecht in mir hoch. *Warum holt uns Keoni nicht ab?* Die Wut hilft, die allerletzten Energiereserven zu mobilisieren, um es bis zum Boot zu schaffen. Als wir endlich in seine Reichweite kommen, wirft der Kapitän uns den Rettungsring zu. Ich frage, warum er uns nicht abgeholt hat. „Ich musste draußen ankern. Es war zu gefährlich mit all den Booten", meint er lapidar.

Ich schlucke meine Wut. Schwimme zurück zum Board, diesmal nicht ohne die Rettungsboje, die ich mir um die Schulter geschnallt habe, um die Hände frei zu haben. Die Gäste warten müde, frierend und verärgert auf mich. Mir ist klar, dass sich alle maßlos außerhalb ihrer Komfortzone befinden, und ich habe Verständnis für ihre Überforderung. Körperlich völlig am Limit, nehme ich ihren Frust entgegen und erkläre ihnen, so geduldig wie möglich, dass wir weit schwimmen müssen.

Endlich am Boot angekommen, bleibe ich erschöpft im Wasser liegen, Tränen der Erschöpfung und der Erleichterung laufen über mein Gesicht und mir ist klar: Es war verdammt knapp.

Ich beschließe, an diesem Abend zu kündigen und dem Chef mitzuteilen, eine Weile genug Lifeguard-Action gesehen zu haben. Ich beiße die Zähne zusammen und klettere an Bord. Noch ist es nicht geschafft.

Der Captain braucht mich am Bug, um den Anker einzuholen.

Natürlich haben wir das in unzähligen Safety-Drills geübt, doch im ‚richtigen Leben', in stockfinsterer Nacht, während das Boot heftig schaukelt und ich vor Erschöpfung zittere, ist das etwas anderes. Ich klettere über die Reling zum Bug, versuche, das Gleichgewicht zu halten, und ziehe mit aller Kraft meterweise die schwere Kette hoch. Ich ziehe und ziehe und ziehe.

Wie lang ist diese verdammte Ankerkette noch? Die Arme brennen, mir ist speiübel und mein Körper droht, mich bald im Stich zu lassen. Eigentlich müsste das Teil jeden Moment auftauchen. Ich ziehe weiter.

Abrupt falle ich fast vornüber, weil die Kette blockiert. *Scheiße! Etwas steckt fest.* Verzweifelt rufe ich Keoni Anweisungen zu, in welche Richtung er das Boot drehen soll. Er tut sofort, was ich sage, aber es funktioniert nicht. Der Anker löst sich nicht vom Grund. Wir wiederholen die Prozedur ein paar Mal erfolglos. Zweimal falle ich fast ins Meer, dann beginnt es, in Strömen zu regnen.

Weil wir so nicht weiterkommen, verlangt der Kapitän, dass ich das Boot fahre. In der Kapitänskajüte angekommen, versuche ich zu erkennen, was sich da draußen tut. Irgendetwas. Aber es ist stockdunkel. *Sind hinter uns noch Leute im Meer?* Keoni schreit mir Anweisungen zu. Ich bin wie gelähmt vor Angst, etwas falsch zu machen. *Was ist, wenn er ins Wasser fällt und ich ihn überfahre? Oder ich einen Schwimmer übersehe?*

Bei Tageslicht fahre ich gerne Boote und es ist nicht das erste Mal. Doch dieses Boot hat die Kapitänskajüte im unteren Stock und die Sicht wird durch eine Wand schmutziger Plexiglasfenster behindert. Keonis Schrei reißt mich aus meinen düsteren Gedanken. *Fokus!* Durch seine Anweisungen führe ich die Manöver so sanft wie möglich aus und achte penibel darauf, alle Boote und

Schwimmer im Auge zu behalten. Endlich zieht er den Anker aus dem Wasser, verstaut ihn provisorisch und übernimmt das Steuer. Ich klettere aufs Dach, um die Fahrtlichter einzuschalten, dann kümmere ich mich um die Gäste.

Es ist still geworden. Alle haben die Szene schweigend beobachtet und ich bin dankbar, dass ich mir keine weiteren Vorwürfe anhören muss. Niemand hat Lust auf heiße Schokolade, sie wollen nur noch an Land.

Auf dem Boot herrscht Chaos: herumliegende Neoprenanzüge, Masken und Schnorchel, Abfall, vollgekotzte Eimer. Als ich endlich dazu komme, Ordnung zu machen, spüre ich meine Verbrennungen von letzter Nacht wieder schmerzen. Da trifft mich die Erkenntnis wie ein Schlag: Ohne die Quallen vom gestrigen Abend hätte ich den Ganzkörperanzug, den ich normal zum Tauchen benutze, nicht angezogen. Nur sein Auftrieb hatte es mir aber ermöglicht, die beiden Männer ohne Schwimmhilfe eine so weite Strecke über Wasser halten zu können.

Wow! Überwältigt von der Güte und Weitsicht des Lebens sind Schmerz, Ärger und Stress wie weggeblasen. Grenzenlose Dankbarkeit überflutet mein Herz. Ich danke Spirit, den Quallen und dem Ozean dafür, dass sie uns beschützt haben.

Manchmal müssen wir scheinbar Schlimmes erleben, damit es uns vor größerem Übel schützt. Je länger ich die Komplexität dieser hochintelligenten Symphonie des Lebens bestaune, desto brillanter erscheint sie. Niemand außer mir hatte am Vortag den kleinsten Quallenstich erlitten. Und es waren genug Schwimmer im Wasser. Die Qualle kam, um mich auf den heutigen Abend vorzubereiten. Ich kann mir nicht einmal ansatzweise vorstellen, wie viel Intelligenz notwendig ist, um eine solche Co-Kreation zu orchestrieren.

Lektion 2:
Wie Spirit Verbindungen schafft und Wunder wirkt

Ich arbeite zwei Tage in der Woche als ‚Farm Girl', um kostenlos in einem kürzlich selber renovierten Dschungelcamp in Südkona zu wohnen. Mein Zuhause besteht aus einer handgezimmerten Holzplattform und einer Plane als Dach über dem Kopf. Wände habe ich keine, fließendes Wasser oder Strom auch nicht. Am äußeren Ende der hölzernen Plattform steht ein schäbiges altes Sofa, mit Blick auf den Dschungel der Kealakekua-Bucht.

Mein Leben ist simpel und gut. Friedlich. Ich liebe es, Luna ‚Gute Nacht' zu sagen, bevor ich einschlafe, und mit den ersten Sonnenstrahlen wieder aufzuwachen.

An einem Abend schwelge ich vor dem Schlafen in den Gefühlen des bevorstehenden Hawai'i-Seminars, das ich organisiert habe. Dabei freue ich mich unbändig darauf, die Schätze Hawai'is mit meinen Gästen zu teilen.

Eines Morgens, kurz vor der Ankunft der Seminargäste, mache ich mich auf den Weg, um in die Arbeit zu fahren und nachher für das Seminar einkaufen zu gehen, als mein geliebtes Auto, ein Ford Explorer, seinen Dienst verweigert.

Was mache ich jetzt? Ich stecke voll in der Klemme. Leise fluchend lasse ich mich neben dem kaputten Auto ins hohe Gras plumpsen und starre auf eine Ameise, die fleißig eine schwere Last an meinem rechten Arm hochträgt. *Wie soll ich den Großeinkauf erledigen? Wie komme ich zum Mietwagen? Und wer holt die Gäste vom Flughafen ab?*

Das Timing könnte nicht schlechter sein. Mein Herz beginnt, nervös zu klopfen, die Hände zittern und ich versuche, Ruhe und Ordnung in die aufgeregten Überlegungen zu bringen. Es gelingt mir nicht. Der Verstand weigert sich, mit dem Rotieren aufzuhören. Ein Gedanke jagt den nächsten, und je bewusster mir das Ausmaß meiner misslichen Lage wird, desto mehr lähmt es mich.

Die Ameise krabbelt, die Vögel zwitschern, der gelbe Schmetterling fliegt, nur ich verharre regungslos. Selbst das hohe Gras, das an den nackten Beinen kitzelt, ärgert mich, weil es mir signalisiert, dass ich es längst hätte mähen sollen. Inzwischen hat die Ameise meine Schulter erreicht.

„Guten Morgen, Makana!", reißt mich eine Stimme aus den Tagträumen. Jake! *Oh, ich sitze ja immer noch neben dem toten Auto. Wo ist die Ameise hin?* „Guten Morgen, Farm Boy. Wie war deine Nacht?", antworte ich.

„Windig!", lacht er.

Unsere erste Begegnung bringt mich heute noch zum Schmunzeln. Jake, ein junger Mann mit langen blonden Locken, zerzaustem Bart und knallbunten Hippiehosen, stand eines Tages mit einem Wanderrucksack in der Waschküche des Retreat Centers, das ich managte, und strahlte mich frech an. Sofort fiel mir die kraftvolle Mischung seiner rauen Naturburschen-Energie, gepaart mit der Zartheit einer reinen Seele auf. Echtes Interesse war geweckt und wir beschnupperten uns neugierig. Seither genieße ich seine Gesellschaft, seine bunte Andersartigkeit. Als ich vom Retreat Center ins Dschungelcamp auf der Farm umgezogen bin, hat er mir geholfen, mein Unbehagen vor den Wildschweinen loszuwerden, die nachts überall herumtrampeln, um Macadamianüsse zu knacken.

Er ist wie ein Bruder für mich. Mein ‚Farm Boy'.

Gemeinsam wandern wir zur Hauptstraße hinunter, um nach Kona zu trampen. Dabei überlegen wir, wie wir ohne Auto die Einkäufe ins Retreat Center befördern könnten. Jake wird während des Hawai'i-Seminars für uns kochen.

Auf der Arbeit im Islander Inn, wo ich als Rezeptionistin an den Wochenenden Nachtschichten schiebe, erzähle ich Chick aus Kentucky vom liegen gebliebenen Auto. Er verbringt jeden Winter hier und plaudert gerne mit mir, wenn ich nachts an der Rezeption sitze.

Als er von meiner Misere hört, schlägt er vor, seinen Kumpel vorbeizuschicken, der früher Autorennen gefahren ist und seine eigenen Autos gebaut hat. Er meint, wenn jemand das Auto reparieren könne, dann er.

Wie cool ist das denn? Ich bin so gesegnet! „Wow, danke!“ Rührung überkommt mich.

„Ich helfe doch gerne!“, sagt Chick.

Nie hätte ich mir vorstellen können, wie ernst er das meinte. Nach einer langen Schicht auf der Arbeit liege ich endlich im Dschungelcamp und spreche mit Spirit, die Hände auf meinem Herzen: *„Spirit, was hat es mit dieser Autosituation auf sich? Wozu gerade jetzt? Bitte lass mich das größere Bild sehen. Hilf mir, anzunehmen, was ist.“*

„We need you hitch-hiking“*, kommt seine Botschaft sogleich daher. Nun gut. Ich vertraue darauf, dass es einen Grund gibt. Der große Geist irrt sich nie.

Chicks Rennfahrer-Freund schaut sich am nächsten Tag mein Auto an, kann aber leider nichts für mich tun. Der Schaden ist zu groß. Also rufe ich den Mechaniker Donnie von Kona Car Pros an und erkläre ihm den Sachverhalt. Er erklärt sich einverstanden, es für 2000 Dollar zu reparieren.

Oh boy! *So viel Geld habe ich nicht.* Ihn bitte ich um Bedenkzeit bis morgen und das Universum um ein Wunder. Kaum habe ich das Telefongespräch mit Donnie beendet, ruft mich Chick an und will wissen, wie es gelaufen ist. Er muss Hellseher sein! Ich erzähle ihm alles.

„Du brauchst ein Auto für dein Retreat, Makana. Das ist das Einzige, was jetzt zählt. Wir werden morgen einen Weg finden, es in die Werkstatt zu bringen", versichert er mir.

„Das stimmt. Aber ich kann es mir nicht leisten, es reparieren zu lassen!"

„Mach dir darüber keine Gedanken. Wie ich schon sagte, du brauchst ein Auto. Betrachte es als erledigt."

Moment, waaaaas? Ich bin den Tränen nahe. Noch nie in meinem Leben hat jemand zu mir gesagt: „Baby, ich kümmere mich um deine 2000-Dollar-Rechnung."

Chick, ein Mann, den ich kaum kenne, legt eine solche Großzügigkeit an den Tag, dass ich sie fast nicht annehmen kann. Doch er lässt keine Widerrede gelten und erwidert nur: „Schatz, ich habe schon auf viel dümmere Weise Geld ausgegeben. Was nützt mir Geld, wenn es nur auf meinem Konto liegt?"

Er meint es ernst. Als ich nach einer Möglichkeit frage, das auszugleichen, weist er auf unsere nächtlichen Gespräche an der Rezeption hin, wo ich ihm mit offenem Herzen zugehört habe.

„Ich habe noch nie einen Menschen getroffen, der so viel Hoffnung und Güte ausstrahlt wie du", fügt er an. „Wir brauchen dich. Machen wir uns also keine Sorgen um so belanglose Dinge wie Geld."

Dicke Tränen der Dankbarkeit kullern meine Wangen hinab. Ich bin überwältigt von der Herzensgüte dieses Mannes und gerührt auf eine Weise, die ich kaum in Worte fassen kann. Wir einigen uns darauf, am nächsten Tag einen Weg zu finden, wie wir mein Baby in die Werkstatt kriegen, um es wieder zum Laufen zu bringen.

Tags darauf schlendere ich beschwingt zur Napoopoo Road, um eine Mitfahrgelegenheit in die Stadt zu finden, und ahne nicht, dass weitere Wunder warten. Kaum strecke ich meinen Daumen heraus, hält schon das erste Auto an. Roxy, eine fröhliche Kanadierin, und ihr Mann nehmen mich mit. Sofort beginnen wir, uns angeregt zu unterhalten, als hätten wir keine Zeit zu verlieren.

Als sie mich vor dem Islander Inn absetzen, steht fest, dass Roxy an meinem Hawai'i-Seminar teilnehmen wird. Sie erholt sich von einer schweren Krankheit und braucht einen geschützten Raum, um sich von den Strapazen zu erholen und ihren Heilprozess zu vertiefen. Sie sehnt sich nach Seelennahrung und Menschen, die sie wohlwollend begleiten.

Die Botschaft von Spirit kommt mir in den Sinn. Wurde mein Auto lahmgelegt, damit Roxy uns findet? Langsam bekomme ich eine Ahnung davon, wie er arbeitet.

Die erste Pause auf der Arbeit nutze ich, um Taxifahrer Robert, den wir ‚Connector und Brückenbauer' nennen, aufzusuchen. Er ist einer der Langzeitmieter im Hotel. Nachdem er sich meine Geschichte angehört hat, fügt er ihr ein weiteres Wunder hinzu. Er schickt mir den Abschleppdienst vorbei, da er als Taxilenker dessen Dienste gratis nutzen kann.

„Danke Robert. Es ist unglaublich, wie lieb ihr alle zu mir seid." Ich bin wieder den Tränen nahe.

„Weil du es verdient hast. Du bewegst hier so viele Menschen. Wir freuen uns, wenn wir etwas für dich tun können."

Am nächsten Tag ist mein Auto repariert. Ich komme mir vor wie in einem Hollywoodfilm, als Chick seine Kreditkarte zückt und die Rechnung bezahlt, ohne einen Blick auf den Betrag zu werfen. So etwas kenne ich nur aus Filmen.

Impulse

Würdest du per Anhalter fahren, wenn du ein funktionierendes Auto in der Garage hättest? Wohl kaum. Manchmal braucht Spirit eine Möglichkeit, dich mit der richtigen Person in Verbindung zu bringen oder an einen bestimmten Ort zu führen.

Also sorgt er dafür, dass du das Spielfeld wechselst, indem er dich aus der gewohnten Bahn wirft. So kann er dir einen Ball zuspielen, eine Chance zeigen. Damit landet er immer einen Treffer.

Spirit bringt herausfordernde Situationen (in meinem Beispiel das kaputte Auto) danach besser in Ordnung, als sie vorher waren. Wenn du mitspielst und deine Gewohnheiten unterbrichst, gewinnst du nicht nur wertvolle Erkenntnisse, sondern es öffnen sich neue Türen für dich.

Übrigens: Um Hilfe bitten funktioniert immer. Man darf nur keine Vorstellung darüber haben, wie oder woher sie kommen soll. Wenn wir es zulassen, findet das Universum stets einen Weg, wunderbare Begebenheiten für uns zu zaubern.

Was braucht es, damit dein Leben voller Wunder sein kann?
Welches möchte sich dir heute zeigen?

Lektion 3:
Wie Spirit Arschtritte verpasst und Wege freischaufelt

„Makana, kommst du bitte kurz ins Büro?", ruft meine Chefin im Islander Inn. Der Job als Rezeptionistin und Nachtportierin ist bisher die einzige Konstante hier auf Hawai'i. Für kreative, sprachbegabte Wesen wie mich ist es supereasy, in Kona einen Job zu finden. Aber es ist genauso leicht, ihn von einem Tag auf den anderen wieder zu verlieren. Das habe ich schon so oft erlebt.

Warum beschleicht mich das ungute Gefühl, dass die Tage dieser Kontinuität gezählt sind? Von allen Vorgesetzten, die ich bisher auf Big Island hatte, ist Dustie mit Abstand meine liebste. Die charismatische Hawai'ianerin strahlt eine starke Präsenz aus. Sie ist bodenständig, ehrlich, gerecht und lässt sich von niemandem etwas gefallen. Menschen liest sie genau und herausfordernde Situationen meistert sie mit Geschick.

Von ihr habe ich gelernt, wie man mühelos Grenzen setzt. Sie strahlt eine so natürliche Autorität aus, dass niemand es wagt, mit ihr zu diskutieren. Was sie sagt, gilt. Und sie tut es mit einem ansteckenden Lachen, das den Raum erhellt.

Unsere Verbindung ist etwas Besonderes. Sie vertraut mir und lässt mich meiner Arbeit in aller Freiheit nachgehen, im Wissen, dass ich mir Hilfe hole, wann immer ich sie brauche.

Als ich ihr gegenübersitze, fällt Dustie gleich mit der Tür ins Schloss: „Makana, du musst während der nächsten zwei Wochenenden deine Schichten selber übernehmen. Mir fehlen Arbeitskräfte und ich kann nicht auf dich verzichten."

Ich hatte im Oktober darum gebeten, diese Tage für mein Hawai'i-Seminar freizubekommen, was sie damals bewilligt hatte. In meinem Verständnis gab es da dran nichts mehr zu rütteln.

„Dustie, du weißt, dass ich immer gerne einspringe, wenn es mal eng wird. Aber an den beiden Wochenenden kann ich wirklich nicht. Es ist schon alles organisiert für die Gruppe aus Europa, die an meinem Retreat teilnimmt."

„Es tut mir leid Makana, aber es gibt keine andere Möglichkeit. Ich kann dir nicht freigeben. Wenn du am Freitag nicht zur Arbeit erscheinst, dann war's das. Dann brauchst du dich hier nicht mehr blicken zu lassen."

Nein, bitte nicht! Diesen Job hier einzubüßen, würde ich verkraften, aber sie als Chefin zu verlieren, wäre schmerzlich.

Dustie meint es ernst. In Gedanken sehe ich all die Connections mit den Stammgästen, die ich mir hier in den letzten zwei Jahren aufgebaut habe, den Bach runtergehen. Ganz zu schweigen von der Werbeplattform für meine privaten Touren. Wenn Gäste nachts zum Plaudern an die Rezeption kommen, erzähle ich ihnen von meinen Abenteuer-Touren mit Tiefgang, die nichts mit kommerziellem Tourismus zu tun haben. Ich würde nicht nur mein einziges stabiles Einkommen verlieren, sondern auch alle Aufträge. *Das kann und darf nicht sein!* Ich bitte Spirit, mich jetzt nicht hängenzulassen!

Doch er lächelt entspannt und bleibt stumm.

Ich versuche erneut, Dustie von der Dringlichkeit meiner freien Wochenenden zu überzeugen, ich verlöre nicht nur einiges an Geld und Reputation als Seminarleiterin, sondern würde die Träume vieler Menschen platzen lassen. Doch anstatt darauf einzugehen, steht Dustie auf, verlässt mit den Worten ‚keine Diskussion mehr' das Büro und lässt mich verstört zurück. Das passt überhaupt nicht zu ihr! Sie muss unter großem Druck stehen.

Was mache ich jetzt? Das Hawai'i-Seminar abzusagen, kommt nicht infrage, da habe ich mein ganzes Herzblut reingesteckt. In einem letzten verzweifelten Versuch, den Job zu retten, wende ich mich sogar an Dusties Vorgesetzte und den Vorstand. Doch da ich weder von ihnen einen konstruktiven Lösungsvorschlag erhalte, noch Dustie ihre Meinung ändert, muss ich eine Entscheidung treffen. Obwohl es sich anfühlt, als gäbe es keine Wahl, opfere ich schweren Herzens meinen Job zugunsten des Seminars.

Da ich in der vergangenen Woche nach dem Quallenerlebnis den Bootsjob an den Nagel gehängt habe, bin ich nun offiziell arbeitslos und habe keinen Sicherheitsanker. Freiwillig hätte ich meinen Job als Rezeptionistin nicht hergegeben und es fällt mir schwer, nicht mehr zur Arbeit zu erscheinen. So was wäre für mich in der Schweiz undenkbar gewesen.

Nach all den nervenaufreibenden Erfahrungen mit Chefs, die mikromanagen und kontrollieren, hat mir Dusties Vertrauen viel bedeutet. Sie hat Raum gelassen, mich als Angestellte auf individuelle Weise zu entfalten, und hat ihrerseits meine Verlässlichkeit und die offene, echte Kommunikation, die wir pflegten, geschätzt.

Noch immer kann ich Dusties letzte harte Worte nicht mit der Frau in Einklang bringen, die ich so schätze.

Ich überlege, ob es ihre Aufgabe war, mich in Bewegung zu setzen?

Wir alle spielen die unterschiedlichsten Rollen im Leben anderer Menschen. Meistens sind uns Vereinbarungen nicht bewusst, die wir als Fundament für unsere nächste Inkarnation auf Seelenebene getroffen haben.

Ich erinnere mich nicht an die mit Dustie, aber die Vorstellung, wie wir gemeinsam hinter dem Schleier der Trennung den Schlachtplan für dieses Leben aushecken, bringt mich zum Lächeln. Sie hilft mir, ihr Verhalten nicht persönlich zu nehmen.

Ich stelle mir vor, wie wir in unserer Sternenheimat verschwörerisch die Köpfe zusammenstecken, um diese Episode des Erdenlebens gemeinsam zu planen. Wir chillen auf Andromeda. Sie macht den Vorschlag: „Ich werde dafür sorgen, dass ich bis zu deiner Ankunft in einer Führungsposition bin, damit ich dich auf Peles Insel unterstützen kann. Am Anfang wird es nicht leicht für dich sein, auf Big Island Fuß zu fassen. Wenn du zu mir kommst, stelle ich dich ein, ohne Fragen zu stellen, okay?"

„Mahalo*, das klingt wunderbar. Ich kann es kaum erwarten, dich als Hawai'ianerin verkleidet zu sehen. Wie lange kann ich bleiben?" frage ich.

„So lange, bis es für dich an der Zeit ist, dich von Spirit auf deine Initiationsreise führen zu lassen, Makana."

„Woher weiß ich, wann es Zeit ist?"

„Oh, du wirst es wissen!", antwortet sie gelassen.

„Und wenn ich mich nicht erinnern kann oder Angst habe, loszulassen?", hake ich nach. „Immerhin ist das eine der Schlüsselerfahrungen dieser Inkarnation. Was, wenn ich nicht gehen will, weil mir unsere einzigartige Verbindung so viel bedeutet?"

„Du meinst, du brauchst einen Reminder?“

„Ja“, sage ich zögernd, „ich glaube, das wäre hilfreich.“

„Okay“, sagt Dustie nachdenklich, „ich werde mir etwas einfallen lassen. Wenn ich den Eindruck habe, du verpasst dein Zeitfenster, schmeiß ich dich raus, schließlich werde ich in der Menschenwelt als Chefin über diese Macht verfügen.“

Wir kichern beide.

„Aber, Makana …“, ein Schatten legt sich auf ihr Gesicht. „Bitte nimm es mir nicht übel. Als Ureinwohnerin werde ich in dieser Inkarnation schon genug mit Ablehnung und Missachtung zu kämpfen haben. Deshalb würde es mir viel bedeuten, wenn du dein Herz für mich offen halten könntest, auch wenn ich den knallharten Boss spielen muss. Kannst du das für mich tun?“, bittet sie leise.

„Das werde ich. Du hast mein Wort. Ich freue mich so sehr auf unser gemeinsames Erdenabenteuer.“

Der Situation des Rauswurfs die Bedeutung zu geben, dass Dustie sich an einen Plan hält, den wir vor langer Zeit geschmiedet haben, holt mich aus dem Opferbewusstsein heraus. So kann ich sie weiterhin als inspirierende Frau schätzen. Die Sichtweise, dass Dustie mir den nötigen Tritt in den Hintern gegeben hat, um meine Träume zu leben, fühlt sich leicht und wahr an. Womöglich hätte ich ohne ihre klare Ansage die Chance verpasst und im Nachhinein bereut, nie auf diese Initiationsreise aufgebrochen zu sein.

Impulse

Wir haben die Freiheit, jeder Situation die Bedeutung zu geben, die uns gefällt. Das nächste Mal, wenn du ähnlich herausfordernde Umstände erlebst, frage dich Folgendes:

- *Geschieht das für oder gegen mich?*
- *Welche Bedeutung kann ich der Situation geben, die mich befreien würde?*

Big Island 2: Wundersame Heilung

„Djaboogaje Bungaja, bhukataja! Makanaaaaa!“ Diese afrikanisch klingenden Laute können nur eines bedeuten: Mein ‚Bruder‘ Jake muss in der Nähe sein.

„Manchmal macht es einfach Spaß, Sachen zu brüllen, aus keinem anderen Grund, als befreiend laut zu sein. Makanaaa!! Hab dich lieb Sista, lass uns die Party rocken. Bist du bereit, unsere Gäste vom Flughafen abzuholen?“ Er überschlägt sich fast vor Begeisterung.

Guter Gott, wie ich diesen durchgeknallten Bruder ins Herz geschlossen habe. Niemand sonst auf dieser blauen Kugel bringt mich so zum Lachen. Ich habe viele überraschende Wendungen gemeistert: Leben gerettet, Auto repariert, Jobs losgelassen. Jetzt bin ich bereit, unsere Gäste herzlich zu empfangen. Im Wettlauf versuchen Jake und ich bei meinem wieder auferstandenen Fahrzeug anzukommen. Atemlos lassen wir uns in die Sitze fallen, und schon dröhnt ‚The wolves have returned‘ von Nahko durch die offenen Fenster.

Jake hat angeboten, mit den ersten Gästen im ‚Daylight Mind‘ zu warten, einem Restaurant mit spektakulärem Meerblick, während ich hin und her fahre, um Nachzügler abzuholen. Als ich mit ihnen ankomme, balanciert mein ‚Bruder‘ mit einigen Leuten auf der schwarzen Lavamauer, andere sind auf einen Baum geklettert.

Schon sind sie angesteckt von unserer kindlichen Freude. Bald durchlaufen meine Teilnehmer*innen eine Metamorphose von seriösen Erwachsenen zu blödelnden Kindern. Viele Menschen konnten es sich nicht leisten, Kind zu sein. Das Spielen wieder zu erlernen, ist einer der Grundpfeiler meiner Retreats. Ich liebe es, wenn die Ernsthaftigkeit einer verspielten Leichtigkeit weicht. Diese Verwandlung bezeugen zu dürfen, erfüllt mich mit tiefer Dankbarkeit. Jeder durchlebt auf seine Weise die Transformation, die in ihm angelegt ist.

Bemerkenswert ist das Beispiel von Merlin, der sich vor vielem fürchtet, am meisten vor Wasser. Behutsam bauen wir Vertrauen auf, zueinander und zum Ozean. Jeden Tag fühlt er sich ein wenig sicherer. Am Ende des Retreats überrascht er uns am South Point alle mit einem gigantischen Quantensprung.

Auf dem Weg zum South Point berichte ich meinen Gästen, dass diese steile Klippe den südlichsten Punkt der USA markiert, an dem der Wind nach Tausenden Kilometern übers offene Meer zum ersten Mal auf Land trifft. Als wir an diesem wilden Kraftplatz ankommen, lade ich meine Teilnehmer ein, den Erzählungen des Windes bewusst zu lauschen.

„Wusstest du, dass der Wind ein Informationsträger ist, der uns übermitteln kann, was in anderen Teilen der Welt passiert?", leite ich die Übung ein. „Ein Botschafter und Übermittler unverzerrter Inhalte, den wir auch bitten können, unsere Wünsche um die Welt zu tragen und ihre Erfüllung zu beschleunigen?"

Nachdem wir uns ausgiebig mit dem Wind ausgetauscht haben, führe ich sie in die Initiation ein, die uns bevorsteht: Ein waghalsiger Sprung von der 12 Meter hohen Klippe. Alle springen laut schreiend ins Wasser und klettern anschließend auf einer wackeligen Strickleiter wieder nach oben. Es ist der reinste Adrenalinkick.

Nur Merlin steht eine gefühlte Ewigkeit am Klippenrand und kann sich nicht überwinden. Um nichts in der Welt möchte er sich diese Chance entgehen lassen, doch er kommt nicht gegen die in ihm wütende Angst an.

Erst als ihn Amira, eine andere Teilnehmerin, ermutigend bei der Hand nimmt, stürzt er sich mit einem markerschütternden Schrei in die tosenden Fluten. Wir sind sprachlos. Allen ist klar, dass Merlin so weit über seine Komfortzone hinausgesprungen ist, dass er nie wieder in sein altes kleines Selbstbild passen wird. Er ist für immer verändert. Er strahlt vor Stolz und wir feiern ihn.

In Merlins Beispiel geht es nicht in erster Linie um den Klippensprung, sondern darum, dass er etwas wagt, was er als undenkbar definiert hat. Dieses ‚unmöglich' kann bei jedem Menschen anders aussehen. Irgendetwas aus der Schublade: „Das würde ich mir nie zutrauen."

Was siehst du als ‚unmöglich' an? Du lebst innerhalb der Gefängnismauern deiner selbst errichteten Begrenzungen. Solange du diese Limitierungen als Realität definierst und abkaufst, kannst du den Spielplatz nicht erweitern. Dabei entgeht dir, wie viel mehr du bist, als du glaubst und du bleibst mit der Geschichte, die du dir über dich selbst erzählst, identifiziert.

Da, wo du den größten Widerstand hast, sind deine größten Perlen verborgen. Verletzungen bergen den Schlüssel zu Potenzial. Wunden sind Tore in die Freiheit. Wir können an ihnen zugrunde gehen oder sie als Wegweiser für unsere Befreiung nutzen.

Was Merlin verwandelt hat, war die Erkenntnis, dass für ihn ein Vielfaches von dem erreichbar ist, was er sich eingestanden hat. Ein Quantensprung wie seiner ist nicht rückgängig zu machen, denn er erfährt am eigenen Leib, dass seine Begrenzungen nicht real sind.

Es ist vergleichbar mit dem Feuerlauf. Mein Verstand kann bis heute nicht nachvollziehen, wie es möglich ist, barfuß über ein 10 Meter langes Feld aus Glut zu gehen. Doch ich glaube nicht mehr daran, dass physikalische Gesetze unüberwindbare Grenzen sind, weil ich erlebt habe, dass sie mich nicht zwangsläufig einschränken müssen.

Durchbrechen wir unsere Begrenzungen nicht, bleiben Träume so klein wie der begrenzte Raum, in dem wir uns bewegen. Das hat zur Folge, dass unser Leben klein bleibt und nie komplett widerspiegeln kann, wer oder was wir in Wahrheit sind.

Beim letzten Delfinschwimmen erleben wir eine magische Überraschung. Der Himmel ist fast schwarz, das Wasser unruhig, die Sicht trübe. Dem Captain und mir ist klar, dass es wenig Sinn macht, bei diesen Bedingungen nach Delfinen Ausschau zu halten. „Folge dem Licht", sage ich spontan zum ihm. „Lass uns aufs offene Meer hinausfahren und sehen, was kommt."

Er lenkt das Boot dorthin, wo ein helles Himmelsfenster die Wolkendecke durchbricht. Ich gehe davon aus, dass Schwimmengehen für die Seminarteilnehmer eine Weile kein Thema sein wird und leite stattdessen eine Übung zum Löschen hinderlicher Programme an. Anschließend machen wir es uns auf der Rückbank bequem und genießen die schaukelnde Fahrt.

Da entdecken wir eine scheinbar endlose Spur von Plastikmüll im Meer. Sofort drosselt Johnny den Motor, um das Treibgut aus dem Wasser zu fischen. Alle helfen eifrig mit, Bootsinventar, Kanister, Netze, Holzstücke, zerbrochene Kunststoffteile usw. einzusammeln.

Ob hier ein Boot gesunken ist? Oder sind das Überreste vom Tsunami in Japan? Die nächste halbe Stunde sind wir in die Säuberungsaktion vertieft. Als alles eingesammelt ist, lasse ich zur Sicherheit noch einmal den Blick über das Wasser schweifen. Da stoße ich einen aufgeregten Schrei aus.

„Oh, wow, schaut mal!!!" Im Nu schauen alle gespannt in die von mir angedeutete Richtung.

„Grindwale!"

„Oh jaaa", jubelt Teilnehmerin Roxy. „Können wir mit ihnen schwimmen?"

Ich bin schon dabei, Maske und Flossen anzuziehen. „Klar", antworte ich. „Lasst mich vorher kurz nachsehen, ob sie nicht von einem Weißspitzen-Hochseehai verfolgt werden. Haltet euch dennoch schon mal bereit."

In der Zwischenzeit klärt Captain Johnny unsere Gäste über mein Vorhaben auf: „Sie spricht vom großen pelagischen Hai, den man so weit draußen relativ oft sieht. Er kann sehr aggressiv sein, besonders wenn er jagt."

„Was ist mit Makana? Ist sie nicht in Gefahr?", fragt Teilnehmer Sunny besorgt.

Johnny grinst ihn breit an. „Schon möglich. Aber Makana hat den sechsten Sinn für Haie. Sie weiß instinktiv, wann eine Begegnung mit einem Hai ok ist und wann man das Wasser meiden sollte. Sie hat mich schon ein paar Mal gebeten, woanders hinzufahren, obwohl Delfine in der Nähe waren. Am Anfang habe ich sie für einen Freak gehalten, weil sie so komisches Zeug sagt, wie: ‚Die Tür ist zu, hol alle Gäste aus dem Wasser', aber mit der Zeit habe ich angefangen, Makana zu respektieren. Bisher hatte sie jedes Mal recht. Wenn sie ‚es' gespürt hat, ist immer kurz danach ein Hai aufgetaucht. Sie liebt es, mit Haien zu schwimmen, aber mit unseren Gästen wollen wir kein unnötiges Risiko eingehen."

„Leute, kommt rein, es sind keine Haie in der Nähe, dafür etwa 25 Grindwale mit Babys, und die sind absolut bezaubernd", rufe ich aus dem Wasser.

Zu Beginn eines Hawai'i-Seminars gebe ich immer eine ausführliche Einweisung ins Schwimmen mit Delfinen und Walen. Der respektvolle Umgang mit Ozeanbewohnern ist mir sehr wichtig.

Ich nehme Merlin an die Hand und schwimme mit ihm auf die Grindwale zu. Sie leben in der Hochsee oder an steil abfallenden Küsten und können bis zu 1000 Meter tief tauchen. Nach ein, zwei Minuten bleiben wir regungslos an der Wasseroberfläche liegen. Eine große Gruppe Wale kommt auf uns zu. Es ist atemberaubend.

Ich höre, wie einige meiner Gäste vor Freude und Aufregung

in ihre Schnorchel jauchzen. An einer Stelle schwimmt eine Wal-Familie mit Baby direkt unter uns durch. Nur wenige Menschen haben die Chance, ein Grindwalbaby aus nächster Nähe zu sehen.

Was für ein kostbarer Moment. Mein Herz zerspringt fast vor Dankbarkeit und Freude. Wir folgen in respektvollem Abstand. Eine Weile erlauben sie uns, ihnen nahe zu sein, dann tauchen sie außer Sicht. Ich rufe meine Gäste zum Boot. Vielleicht können wir die Wale einholen und das Abenteuer wiederholen.

Zurück auf dem Boot umarmen wir einander voller Freude, lachen, feiern und können unser Glück kaum fassen. Da passiert es: Die Zeit steht still, das Leben hält den Atem an und wir sehen, dass die Wale einen riesigen Kreis ums Boot gebildet haben. Wir befinden uns mitten in einem Wunder und sind völlig überwältigt. Niemand rührt sich, alle sind andächtig still. Einigen laufen Freudentränen über die Wangen, denn der Moment ist von ergreifender Magie erfüllt.

Die Grindwale sprechen in unseren Herzen, kommunizieren mit jedem auf seine ureigene Weise. Schweigend lassen wir die Heilung geschehen, nehmen die bedingungslose Liebe der Wale in uns auf.

Worte werden diesem Erlebnis nicht gerecht. Selbst meinem Captain, der sonst wie ein Plappermaul redet, fehlen sie. Einige Minuten später tauchen die Wale alle gleichzeitig ab und verschwinden.

Es folgt eine lange Stille, unsere Zellen vibrieren, die Erfahrung klingt nach. Wir fühlen uns mit der Schöpfung verbunden. Ein unvergessliches Geschenk.

„So etwas habe ich in all meinen Jahren auf dem Meer noch nie erlebt", gesteht Johnny auf dem Rückweg zum Bootshafen von Keauhou. „Ich danke euch, dass ihr mich als Captain ausgewählt habt.

Ich habe noch nie Menschen getroffen, die so verspielt, respektvoll und liebevoll sind wie ihr."

Was mich persönlich an diesem Erlebnis berührt, ist, dass die Grindwale meine Reise ins Urvertrauen segneten. Wale führen in die eigenen Tiefen, zum Ursprung und den verborgenen Ebenen des Bewusstseins. Sie verbinden uns mit dem Urwissen, fordern auf, tief ins Innere zu tauchen und den Zugang zum Urvertrauen wiederherzustellen.

Ein weiterer unglaublicher Höhepunkt unseres Hawai'i-Seminars ist die Begegnung mit Madame Pele. Sie ist die Feuergöttin, die im Krater des aktiven Vulkans Kilauea lebt und der Legende nach in den Flammen und der Lava tanzen soll.

Ihr vollständiger Name ‚Pelehonuamea' steht für ihre heilige Verbindung mit dem Ozean, der Erde und der roten Farbe des Lavastroms. Sie repräsentiert die Urkraft, die Hawai'i erschaffen hat und in allen Landmassen verkörpert ist. Wenn die Lava erstarrt und die Zeit reif ist, wächst neues Leben darauf.

Die Ureinwohner Hawai'is verehren Pele noch heute. Weder der Fall ihres Königreichs noch die Annexion durch die USA im Jahre 1898 oder eine Politik, die Kultur und Sprache auslöschen wollte, konnten das ändern.

Die Vergötterung für Pele hat nicht nur die Jahrhunderte überdauert, sondern scheint mit jedem Ausbruch stärker zu werden. Obwohl der Vulkan immer wieder Erdbeben auslöst, Häuser verwüstet, tödliche Gase freisetzt, Wälder in Brand setzt und Straßen blockiert, bringen die Hawai'ianer Pele Ehrfurcht und Dankbarkeit entgegen. Viele Ureinwohner nennen sie Tutu*, was zum Ausdruck bringt, dass sie sich als ihre Nachkommen betrachten. Die Hawai'ianer verehren rund 40 000 Gottheiten. Pele ist die Wichtigste.

Wer auf einer aktiven Vulkaninsel lebt, erfährt so manche Lektion in Demut.

Mitten in der Nacht über schwarze Lavafelder zu wandern, begleitet vom orangefarbenen Glühen des Himmels und den grotesk kontrastierenden dunklen Schatten der Bäume, ist mit nichts zu vergleichen.

Von den Schamanen in Mexiko habe ich gelernt, die Wesenheiten mächtiger Plätze um Erlaubnis zu bitten, bevor ich einen solch heiligen Ort betrete. Aus diesem Grund bilden wir vor dem Eingangstor einen Kreis und wenden uns nach innen, während ich die Götter und Kräfte des Ortes anrufe.

Ich bitte um Führung, um klare Zeichen, um Segen für unsere Anwesenheit und um Zugang zum verborgenen Wissen. Meine Gäste lade ich ein, wach zu sein und auf ihre Eingebungen zu achten. An Orten wie diesen gelten andere Gesetze als die der Menschen, daher ist der beste Kompass, der eigenen Wahrnehmung zu vertrauen.

„Wir gehen buchstäblich auf glühendem Feuer", sage ich zu meinen Gästen. „Der Vulkan kann jeden Moment ausbrechen. Hier zählt Peles Wille. Wir kommen in friedlicher Absicht, um von ihr zu lernen. Möge ihre Feuerkraft alles verbrennen, was uns nicht mehr dient. Verbinde dich mit der Nacht, wandere in Stille und spüre auf dem Weg nach, was du bereit bist loszulassen und in den Lavasee zu werfen." Die Teilnehmer lauschen gebannt.

„Einen kleinen Tipp habe ich noch", ergänze ich. „Unterschätze Peles zerstörerische Feuerkraft nicht. Die Transformation dessen, worum du heute bittest, wird sich postwendend in deinem Leben zeigen."

Ich räuspere mich und erzähle eine Geschichte: „In meiner Ungeduld bat ich Pele mal: ‚Entferne alles aus meinem Leben, was mir und meinem Wachstum nicht mehr dient', worauf ich am nächsten Tag meinen Job und meine Wohnung verlor und eine mir nahestehende Freundin starb. Die radikale Veränderung überforderte mein Nervensystem, Pele nimmt auf unsere Psyche keine Rücksicht. Also dosierte ich meine Bitten von da an, um unnötige Schocks zu vermeiden. Manche Schritte brauchen Zeit. Das Maß bestimmst du selbst."

Die nächste Stunde wandern wir in Schweigen und nehmen die lebendige, pulsierende Energie dieses mystischen Ortes in uns auf. Obwohl kein Wort gewechselt wird, wächst unsere Verbindung mit jedem Schritt.

Es ist, als mache Pele das alles verwebende Netz sichtbar. Eine unausgesprochene Ehrfurcht liegt in der Luft, eine Ahnung, dass wir im Begriff sind, eine Erfahrung kosmischer Natur zu machen.

Je näher wir der Lava kommen, desto ergriffener werden wir. Die Feuerenergie strömt durch die Füße in den Körper und beginnt trotz des eisigen Windes in uns zu brodeln. Die freudige Erregung wird fast unerträglich, als ob unserem System die Kapazität fehlen würde, solch gigantische Mengen Freude aufzunehmen.

Vorsichtig umgehen wir Spalten im Lavagestein, um uns vor verstauchten Knöcheln und heißen, giftigen Schwefeldämpfen zu schützen, die aus manchen Löchern aufsteigen.

Am brodelnden Lavasee angekommen, fühlen wir uns im Angesicht dieser unbändigen Kraft klein und unbedeutend. Gleichzeitig erwacht die Euphorie, Bestandteil von etwas zu sein, das größer ist als alles, was wir selbst je erschaffen könnten.

Teil dieser Urkraft zu sein, ist ungeheuer belebend und ermächtigend. Hinzu kommt die erhöhte Wachsamkeit, mit der wir die giftige Schwefelwolke im Auge behalten. Wenn der Wind dreht und sie in unsere Richtung weht, sollten wir mit angehaltenem Atem rennen, bis wir ihr entkommen sind. Die hochgiftigen Dämpfe einzuatmen, ist ungesund und kann schnell zur Ohnmacht führen.

Am Rand des sich ständig verändernden Lava-Sees verbinden wir uns mit dem Herzen der Erde. Man hat hier das Gefühl, bis in ihren Kern sehen zu können. Lange Zeit stehen wir am Kraterrand und schauen dem glühenden Spektakel zu. Die Oberfläche sieht aus wie eine dunkle Landkarte mit orange leuchtenden, sich immer verschiebenden Grenzen.

An manchen Stellen blubbert es, an anderen schießt Lava in die Höhe. Zwischendurch drehen wir uns, um den Rücken aufzuwärmen. Der Kontrast zwischen kaltem Wind vor und glühender Hitze hinter uns ist eine sonderbare Empfindung.

Wir schenken Pele unsere Opfergaben und der Reihe nach wirft jede*r Teilnehmer*in symbolisch in den Krater, was er*sie hinter sich lassen will.

Dann lese ich Pele mein Gedicht vor:

Fire Goddess Pele (by Makana)

You are power we fear in us.
We cannot control your fire, it consumes what doesn't belong.
No illusion can deceive you, no false identity can face you.
You are a raw divine life force.
You are creation and destruction all in one.
You are unstoppable, unbreakable, untouchable
You are the tempest of the heart
The power behind every decision, the love that leads to transformation
The purifying golden wave of inspiration
Will you take me to new realms of being?
Will you feed me the energy I need in the midst of chaos and destruction?

Will you glow your way into my heart and melt away the wounds and traumas?
Will you burn away all the unhealthy attachments?
Will you activate my inner fire so that I can burn with you
and help you build a new world?
A world of love and compassion,
a world where we operate from happiness and fulfilment.
A world where we thrive from the heart?
I cut myself off from your fire because I didn't know how to handle it.
Well, now I know. And I will visit you more often.
You are my source, my gatekeeper, my kick in the butt.
You are the boundary I respect, the explosion I need to become.

Kannst du es fühlen? Glühst du mit uns? Es gäbe Weiteres von diesem Seminar zu erzählen. Von der 8-händigen Massage, dem Durchbruch beim Wasserfall, der Klangheil-Session im ‚Queensbath', dem Ritual auf Mauna Kea, dem Entspannen im Whirlpool unter den Sternen.

Die Erinnerungen nähren mich bis heute. Diese Reise, die uns tief bewegte, endet mit einer Feuerzeremonie im Dschungel, gefolgt von einer wilden ekstatischen Tanzparty. Die letzte Nacht verbringen wir am Strand und erst in der Feedback-Runde wird uns bewusst, welch kraftvolle Energie in dieser erlebnisreichen Reise geflossen ist, wie viel sich verändert hat. Bebende Stimmen, tränende Augen, überfließende Herzen sagen mehr als tausend Worte.

Oahu: Sicherheit gibt es nicht

Wir haben während des Hawai'i-Seminars eine so unbeschreibliche Zeit miteinander erlebt, dass sich meine Gäste nicht von mir trennen wollen. Sie laden mich ein, drei Tage mit ihnen auf der Insel Oahu zu verbringen, bevor sie nach Europa zurückfliegen.

Diese Einladung ist der letzte Tritt in den Hintern, den ich brauche, um endlich die Sicherheit der Big Island zu verlassen und auf meine Reise mit Spirit aufzubrechen. Eine wilde Challenge, keine finanzielle Absicherung, kein Plan, wie es danach weitergeht. Ich werfe mich dem Leben ohne Rückflugticket in die weit geöffneten Arme. Mein Rucksack ist für alle Eventualitäten und Abenteuer gerüstet. Vom Sprungbrett Oahu werde ich mich vom Wind weitertragen lassen.

Im Flieger nach Honolulu, der hawai'ianischen Hauptstadt der Insel Oahu, wird mir bewusst, wie sehr ich mein Leben im Batteriesparmodus führe, verglichen mit dem, was möglich wäre. Immer wieder lasse ich mir vom Mangelbewusstsein den Blick vernebeln. *Was mache ich, wenn das Geld aufgebraucht ist und ich mit leeren Händen dastehe, ohne Job, Wohnung oder Plan?* Ich werde mich von solchen Gedanken nicht aufhalten lassen. Überhaupt, ich will nicht mehr warten.

Angekommen in Honolulu ziehen auf der Fahrt zum Hotel typische Großstadtimpressionen an mir vorbei: hupende Autos, von Abgasen ergraute Fassaden, erschöpfte Gesichter, verführerische Werbetafeln, schöne Parks, Plastikmüll. Eine Welt, die sich an äußeren Werten orientiert. Luxus. Unterhaltung. Ablenkung. Eine Art Maßlosigkeit, glamourös, getrieben, aber irgendwie verloren.

Wohin eilst du? Zum Einkaufen, wir brauchen mehr, immer mehr. Die Konsumwelt ist hier präsenter. Honolulu weckt Sehnsüchte. Jedes Mal, wenn ich hier bin, kommt der Hunger nach einem

‚besseren' Leben an die Oberfläche, als wüssten die Menschen hier, wie man mehr genießt.

Mit fast einer Million Einwohnern ist Oahu die am dichtesten besiedelte Insel des Archipels. Ihr Name bedeutet ‚Versammlungsort'. Als Kind war Honolulu für mich der Inbegriff von ‚weit weg' und obwohl ich kein Fan von Großstädten bin, ist diese Stadt eine Ausnahme. Unter Umständen liegt es am Aloha*-Spirit oder daran, dass ein Großteil der Bevölkerung aus entspannten Surfern besteht. Auf jeden Fall macht es Spaß, ab und zu in eine etwas lebhaftere Welt einzutauchen.

„Was wollt ihr hier eigentlich machen?", frage ich meine Seminargäste, als wir beim Arancino di Mare in der Kalakaua Avenue Seafood-Pasta essen. Sollte ich aufhören, sie so zu nennen? Schließlich bin ich auf diesem Trip ihr Gast. Sie möchten wissen, was ich auf Oahu empfehlen kann.

„Es gibt unzählige Möglichkeiten, hier Spaß zu haben. Wir können mit Haien schwimmen, zur Chinaman's Hat Insel kayaken, zu Wasserfällen oder dem Diamond Head wandern", beginne ich aufzuzählen. „Meine absolute Lieblingswanderung auf Oahu ist der ‚Stairway to heaven', aber der ist mit seinen schmalen Graten, schlammigen Pfaden und halsbrecherischen Treppen nur etwas für erfahrene Wanderer mit gutem Schuhwerk und starken Nerven", erzähle ich weiter.

„Woahhh, schalt mal einen Gang zurück, Wonderwoman", unterbricht mich einer der Teilnehmer. „Ich mag ein schönes Bier, ein letztes Sonnenbad und vielleicht ein leckeres Abendessen mit Blick aufs Meer, bevor es wieder in Schnee und Eis geht."

Sanftes Ausplätschern ist angesagt. Es sieht so aus, als müsste ich meine Abenteuerlust etwas zügeln. Verständlich, sie haben alle viel erlebt und brauchen Zeit zum Integrieren. Sunny spuckt ein winziges Kügelchen aus Serviettenpapier durch ein Plastikröhrchen. Ich verfolge die Flugrichtung und sehe das Ziel: eine attraktive Blondine im roten Minikleid.

„Jungs, benehmt euch!!!"

Wir brechen in schallendes Gelächter aus.

„Sunny, duck dich!"

Das sexy Ziel wurde getroffen und dreht den Kopf, um zu sehen, woher der Angriff kommt. Wir geben unser Bestes, um Sunny zu verstecken, und halten uns die Bäuche vor Lachen.

„Warum fahren wir nicht einfach um die Insel und lassen uns überraschen?", versucht Amira es erneut. Ich nehme gerne ihren Vorschlag an, denn sie sollen ihre letzten Tage so gestalten, wie es ihnen Freude macht.

Als wir am nächsten Morgen in einem vollgestopften Auto auf unsere Inselumrundung aufbrechen, bin ich dünnhäutig, zerknittert und viel zu empfänglich für alles, was mich umgibt. *Woran liegt das?*

Da erkenne ich, dass ich die Rolle der Seminarleitung nicht endgültig abgestreift habe. Als Seminarleiterin tiefer Transformationsräume bin ich hellwach, klar. Meine Fühler sind in alle Richtungen ausgestreckt und meine Wahrnehmung geht bis in die verborgensten Winkel. Ich merke jetzt, dass diese Rolle eine schützende Qualität hat.

Ich gehe in der Prozessbegleitung auf eine Meta-Ebene, wohl wissend, dass es nicht um mich geht, sondern um das, was sich den Gästen zeigen will. Dieses energetische Raum-Sein gibt mir eine natürliche Distanz zum Geschehen. Klar sind die Räume von meiner reichen Lebenserfahrung geprägt, doch beim Begleiten (Facilitieren) bin ich hauptsächlich Kanal.

Ich schenke den Gästen Möglichkeiten, sie selbst zu sein und in ihrem Tempo durch den Prozess zu gehen. Dabei mische ich mich nicht ein, sondern lasse ‚es' geschehen, bin präsent, spiegele und übersetze. Meine Arbeit ist durchdrungen vom tiefen Vertrauen, das jeder Mensch geführt wird und in seinem Inneren weiß, was für ihn wahr ist. Ich bin da, um dieses Wissen zu verstärken, es sichtbar zu machen oder das aus dem Weg zu sprengen, was den Zugang dazu blockiert.

Der Übergang von der Prozessbegleiterin zur Reisekameradin fällt mir daher nicht leicht. Ich frage mich, ob es sinnvoll ist, auf eine persönliche Ebene zu wechseln, nachdem ich Menschen auf einer so tiefen inneren Reise begleitet habe. Durch authentisches Teilen von Empfindungen entstehen vertraute, intime Verbindungen, das verleitete mich, mehr Zeit mit den Seminarteilnehmer*innen verbringen zu wollen, weil sie mir während des Seminars so ans Herz gewachsen sind.

Durch diese Reflexion lerne ich, dass mich die Vermischung der Ebenen überfordert. Nächstes Mal werde ich klarer sein, auch beim Zeitmanagement. Die Interventionen dürfen gezielter werden, denn punktuelle, chirurgische Eingriffe entsprechen mehr meinem Rhythmus. Statt vorzuleben, dass man als Seminarleiterin ständig anwesend sein muss, werde ich in Zukunft besser auf meine Energiereserven achten und andere ermutigen, das ebenfalls zu tun. Das Leistungsprinzip kommt mir immer noch in die Quere. Meine Tätigkeit wird authentischer, wenn ich mir mehr Pausen gönne und Zeit fürs Alleinsein einbaue.

Während des üppigen Frühstücks im ‚Breakers' in Haleiwa nimmt ein Teilnehmer mit selbstzerstörerischem Verhalten viel Raum ein. Es reizt mich, mit ihm daran zu arbeiten, und ich muss mir in Erinnerung rufen, dass wir jetzt in einem anderen Setting unterwegs sind. Meine Aufgabe ist vollbracht, es gibt nichts mehr zu tun. Wird es mir gelingen, die Ebene zu wechseln und unbeschwert mitzureisen?

Dass ich dringend Zeit allein brauche, ist eine weitere wichtige Erkenntnis. Überschreite ich mein Maß an zwischenmenschlicher Interaktion, macht mich das ungeduldig und gereizt. Ich habe nicht annähernd genug gewürdigt, was ein solches Seminar von mir abverlangt.

Was wir am besten können, ist für uns selbstverständlich. So messen wir dem kaum Bedeutung bei. Andere erkennen unsere Gaben klarer als wir selbst. Das erklärt, warum es vielen Menschen an Wertschätzung ihrer eigenen Qualitäten mangelt. ‚Das ist doch nicht der Rede wert. Das mache ich mit links.'

Nur weil unsere Fähigkeiten uns so mühelos von der Hand gehen, heißt es noch lange nicht, dass sie nicht wertvoll sind. Im Gegenteil. Für jemanden, der diese Gaben nicht hat, kann das, was wir mit einer wegwischenden Bemerkung abtun, unendlich kostbar sein. Da uns unser angeborenes Talent so normal erscheint, glauben wir: ‚Das kann doch jeder.'

Erkennen wir unsere Einzigartigkeit an und wertschätzen sie, lernen wir, mit diesen Ressourcen achtsam umzugehen. Denn diese Gaben sind keine Selbstverständlichkeit, sondern ein Geschenk.

Da meine Einsätze als Seminarleiterin purer Freude entspringen, empfinde ich sie nicht als Arbeit. Dennoch versetze ich Berge und darf ernst nehmen, danach Erholung in Stille und Einsamkeit zu brauchen. Am schnellsten regeneriere ich alleine, denn ich kann mein Energiefeld besser wahrnehmen, wenn es sich nicht mit dem der anderen vermischt.

Am Alleinsein liebe ich, jedem beliebigen Impuls nachgehen zu können, ohne mich absprechen zu müssen. Ich kann die Meinung hundert Mal am Tag ändern und brauche niemanden in meinen Prozess mit einzubeziehen. Es braucht weder Pläne noch Kompromisse, Verhandeln oder sich auf ein gemeinsames Ziel einigen. Ich kann fließen, wohin es mich zieht.

Mir fällt auf, dass man in einer Gruppe immer Pläne macht, um etwas zu ‚tun'. Das Sein, das dem Moment entspringt, hat wenig Raum. Hinzu kommt, dass jeder Mensch einen eigenen Flow-Rhythmus hat, der unter Umständen nicht mit einer Gruppendynamik kombinierbar ist.

Als wir am Sunset Beach entspannen, gebe ich dem warmen Sand alle Energien ab, die ich unnötigerweise mit mir herumtrage. Kurze Zeit später sehe ich, wie Amira, Sunny und Merlin sich zum Baden fertigmachen.

„Leute, schwimmen ist hier keine gute Idee. Die Wellen sind groß und der Strand hat eine sehr gefährliche Brandung. Ich rate euch dringend davon ab", mahne ich.

„Ach was, wir passen schon auf", antwortet Sunny und springt ins Wasser.

Amira und Merlin folgen ihm etwas zögerlicher. Es fällt mir schwer, die Verantwortung abzugeben. Ich stehe auf, schüttle und tanze die Überreste dieser Rolle ab. *Gib sie ab, gib sie ab*, sage ich laut vor mich hin.

Ich spaziere am Strand entlang, behalte die Schwimmer aber im Auge. Ein Ninja-Surfer erregt meine Aufmerksamkeit. Fasziniert schaue ich ihm dabei zu, wie er mitsamt Kamera hinaus paddelt, die Welle präzise im richtigen Augenblick erwischt und den Ride durch die Tube nutzt, um sie von innen zu fotografieren. Wow. Phänomenal. Als er aus dem Meer kommt, zeigt er mir einige seiner Bilder. Sie sind umwerfend. Von dieser Begegnung absorbiert, achte ich nicht mehr auf das, was im Wasser abgeht.

„Makanaaaaa, kannst du mir …?"

CRASH!!

Der Lärm einer brechenden Welle verschluckt den Rest des Hilferufs. *Here we go* ... Sunny scheint es nicht raus zu schaffen, Merlin kämpft verzweifelt. Amira ist ein ganzes Stück weiter draußen.

„Makanaaaaa ..."

Ich wechsle mit dem Surffotografen Blicke und ziehe meine Taucherbrille an. Er ist auf diesen Wellen zu Hause und besser qualifiziert als ich, um Leuten aus dem Wasser zu helfen. Außerdem hat er ein Surfbrett. Ich habe keine Schwimmhilfe dabei und kenne Sunny, wenn er in Panik gerät. Wir haben das schon bei einem Tauchgang durchgespielt.

„Ich hole ihn raus, du hilfst den anderen, ok?", schlägt er vor.

„Abgemacht, und mahalo*!"

Wir stürzen uns in die Fluten, und wenige Minuten später liegen sie alle aufgewühlt am Strand und versuchen, sich von dem Schreck zu erholen. Es ist still, das ‚was hätte passieren können und fast passiert ist' hängt schwer und unausgesprochen in der Luft. Wut überkommt mich. Um sie zu bezwingen, nehme ich neben meinem neuen Surffreund Platz und lausche seinen Erzählungen über Rettungseinsätze.

„Nochmals vielen Dank für deine Hilfe, Brotha!"

„Gern geschehen, Sistah, behalte den guten Spirit."

Er schnappt sich sein Brett. Mein Gott, wie ich seinen Tanz bewundere, als ob er eins mit dem Wasser wäre.

Amira kommt zu mir rüber und entschuldigt sich dafür, nicht auf mich gehört zu haben, dann erkundigt sie sich nach dem weiteren Verlauf meiner Reise. Ich staune, dass ich darüber noch gar nicht nachgedacht habe. Bisher ist kein Impuls dazu reingekommen.

„Willst du es abfragen?", schlägt Amira vor.

Ich schließe für einen Moment die Augen und frage Spirit, was als Nächstes dran ist. Vor meinem inneren Auge gehe ich Insel für

Insel durch und schaue, wo die meiste Energie ist, was am hellsten leuchtet. Da auf Oahu zu bleiben, das Naheliegende wäre, fange ich dort an.

Aber diese Insel scheint ihren Auftrag schon erfüllt zu haben. Ich zappe weiter durch die Inseln und sehe, wie Maui aufgeregt auf und ab hüpft, um meine Aufmerksamkeit auf sich zu ziehen. Ein breites Grinsen huscht mir über das Gesicht, das Amira nicht entgeht.

„Und?", fragt sie neugierig. „Bleibst du noch hier?"

Es berührt mich, wie sie mitfiebern. „Es ist spannend, es scheint, als hätte ich auf Oahu schon alle Downloads bekommen, die mir die Insel hat geben wollen. Maui winkt mir freudig zu. Ich begleite euch zum Flughafen und lasse Oahu auch hinter mir. Danke fürs Anstupsen."

Wir fallen einander in die Arme und lachen.

Ein weiteres Stück Klarheit sickert zu mir, als wir zurück in die Stadt fahren. Ich kann nicht von der Anführerin zur Mitläuferin switchen, wenn ich gleichzeitig die Reiseleiterin bin, weil ich die Einzige bin, die sich auf der Insel auskennt.

Nach allem, was ich in den vier Jahren auf Hawai'i erlebt habe, kann ich nicht so tun, als wäre ich eine Touristin. Allmählich wird deutlich, dass die Zeit auf Oahu eine Art Evaluierung meiner ‚Do's and Don'ts' ist. Die Insel scheint mir zu zeigen, was für mich funktioniert und was nicht. Mein Wirken wird einem Integritätstest unterzogen, sodass ich alles, was mir nicht entspricht, entsorgen kann.

Merlin verlässt uns einen Tag früher, ich begleite ihn an den Flughafen. Unterwegs führen wir ein angeregtes Gespräch über die Zeichen des Lebens.

„Ich bewundere dich", sagt er mit sehnsuchtsvollem Blick. „Ich wäre gern mehr wie du. Ich wollte, ich hätte den Mut, einfach in die

Welt hinauszuziehen. Vielleicht werde ich mir ein solches Abenteuer eines Tages auch zutrauen."

Ich wünschte, er könnte den enormen Respekt spüren, den ich vor ihm und seinem Weg habe. „Danke für dein Vertrauen. Dass du in den letzten drei Wochen so tief eingetaucht bist und uns an deinem Wachstum hast teilhaben lassen, ist so ein Geschenk, Merlin."

„Eine letzte Frage habe ich noch", sagt er mit einem drängenden Ton, der verrät, dass er schon länger mit dem Thema ringt. „Wie kannst du so gelassen aufbrechen, wenn zu Hause all diese schwierigen und ungelösten Dinge auf dich warten?"

„Wenn es an der Zeit ist, mich um meine Scheidung, die Steuern und die Green Card zu kümmern, werde ich es wissen. Darauf willst du doch hinaus, oder?"

„Ja, aber …" Er schaut unsicher auf seine Schuhe und versucht, die richtigen Worte zu finden.

Ich komme ihm zuvor: „Ich habe die Absicht ins Feld gegeben, dass ich mein Urvertrauen zurückgewinnen möchte. Als Antwort darauf hat sich alles, was mich an die Big Island gebunden hat, in Luft aufgelöst. Ich empfinde dies als grünes Licht vom Universum, dass meinem Wunsch nichts im Wege steht", beschreibe ich mein Vorgehen. „Dann habt ihr mich nach Oahu eingeladen und mir damit die Tür zur Weiterreise aufgestoßen. Mein Herzenswunsch ist mir wichtiger als alles, was ich auf der Big Island noch zu tun habe. Also gebe ich dieser Reise die höhere Priorität. Die Einwanderungsbehörde USCIS und das Familiengericht gehen nirgendwo hin. Ich bin sicher, dass sie noch da sind, wenn ich zurückkomme", erläutere ich.

„Aber woher willst du wissen, wann es Zeit ist, zurückzukehren?", hakt Merlin nach.

„Keine Ahnung. Ich weiß nur, dass ich es wissen werde, wenn es so weit ist. So wie du weißt, dass du in einer Stunde ins Flugzeug steigst und in die Schweiz fliegst." Ich lächle ihn an.

Merlin schüttelt energisch den Kopf. „Siehst du, genau das ist der springende Punkt. Ich bin mir überhaupt nicht sicher, ob das die richtige Entscheidung ist. Ich fliege einfach nach Hause, weil ich die Reise vor sechs Monaten so geplant habe und weil das heutige Datum auf meinem Rückflugticket steht."

„Ach so, ja, ich verstehe, was du meinst." Ich lasse meinen Blick über die Menschenmenge gleiten, die im Flughafen herumeilt. „Und du hast recht. Aber daran ist nichts falsch. Ist dir bewusst, wie viele deiner antrainierten Kontrollmechanismen du in den letzten drei Wochen aufgegeben hast?" Ich gebe ihm Zeit, darüber nachzudenken, ehe ich fortfahre: „Vielleicht planst du das nächste Mal schon weniger und gehst mehr mit dem Flow? Komm, du bist dran."

Bevor ich mit dem Rest der Gruppe am darauf folgenden Tag zum Flughafen aufbreche, erhalten wir ein magisches Abschiedsgeschenk: Vom Makapu'u-Leuchtturm aus sehen wir Buckelwale immer wieder aus dem Wasser schießen. Mit dem Herzen voller Walenergie breche ich auf, um dem Leben die Chance zu geben, seinen Zauber zu entfalten, und um zu entdecken, was es sonst noch für mich bereithält.

Impulse

Würden wir uns öfter aus der Perspektive des unbegrenzten Seins betrachten, würden wir über die hartnäckige Gewohnheit, uns an Sicherheiten zu klammern, herzhaft lachen. Aus der Adlerperspektive ist es offensichtlich, dass uns nichts zustoßen kann. Das grenzenlose Wesen möchte spielend ein Beitrag sein, das Feld mit Inspiration, Einsicht und Erkenntnis speisen und das Bewusstsein auf dem Planeten erweitern.

Es braucht dringend mutige Wesen, die allen Widrigkeiten zum Trotz vorangehen. Wenn wir Pioniere nicht gewillt sind, uns den

Mechanismen zu stellen, mit denen wir uns klein halten und hinter der Angst verstecken, wer dann? Und wie kommen wir auf die schräge Idee, das Dasein schulde uns den Beweis, dass es funktionieren wird, bevor wir uns entschieden haben und bereit sind, das volle Risiko einzugehen?

„Das Leben ordnet sich um die Ideen, die wir in Bewegung setzen", hat mal eine Mentorin zu mir gesagt. Ich möchte diesen Gedanken erweitern: *Das Universum ordnet sich um die Energie, die wir zu verkörpern bereit sind.*

Wir können ein Leben lang darauf warten, dass die richtigen Umstände eintreten. Die Wahl liegt bei uns, das Leben mischt sich da nicht ein. Das ist die Güte und der Fluch des freien Willens zugleich.

Merlins letzte Frage machte mir bewusst, dass ich weiß, ohne zu erkennen, woher. Es gibt ein energetisches Wissen, das direkt unserer wahren Natur entspringt. Unsere Erziehung legt nahe, nur zu kennen, was wir gelernt, uns angeeignet haben. Doch auf Informationen aus der Quelle haben wir jederzeit Zugriff, ohne Zeitverzögerung. Es existiert außerhalb der linearen Zeit und steht daher dem Verstand nicht zur Verfügung.

Wie kannst du es nutzen? Indem du dich der Möglichkeit öffnest, dass du ein grenzenloses energetisches Wesen bist, das ohne Einschränkung Informationen wahrnehmen und empfangen kann. Was dir den Zugang zu diesem unbegrenzten Feld verschafft, sind offene Fragen. Beachte, dass es beim Fragenstellen nicht darum geht, Antworten zu erhalten, sondern bereit dafür zu sein, was sich dir im Anschluss zeigt.

Wie nimmst du wahr, was du weißt? Ist dir bewusst, dass du weißt? Auch wenn du wählst, so zu tun, als könntest du nicht wissen? Du kannst jederzeit fragen: Was weiß ich in dieser Situation, das ich mir nicht erlaube zu erkennen?

Maui 1: Selbstbewusstsein oder Leistungsbewusstsein?

Yeeaaahh, der lang ersehnte Moment ist da. Ich habe sämtliche Verpflichtungen hinter mir gelassen: Das Seminar ist vollendet, meine Arbeitsverträge auf Big Island sind aufgelöst. Vor mir öffnet sich leerer unbekannter Raum voller Möglichkeiten. Ich bin bereit, mich von Spirit von Moment zu Moment führen zu lassen. Was für ein berauschendes Gefühl. Maui, ich komme!

Kopf und Herz quellen über vor Eindrücken der letzten drei intensiven Wochen und ich freue mich wie ein kleines Kind darauf, allein loszuziehen und in meinem eigenen oder Spirits Rhythmus unterwegs zu sein.

Später, als ich im Flughafen Maui mit der Rolltreppe nach unten fahre, sehe ich im letzten Moment, bevor es aus meinem Blickfeld verschwindet, ein Schild mit der Aufschrift „Maui".

Unten angekommen, fahre ich wieder hoch. Ich möchte das Willkommensschild fotografieren. Das macht Spaß, ich habe Zeit, muss nirgendwohin. Und so beschließe ich, das Wort ‚müssen' aus meinem Wortschatz zu streichen. Ich bin frei zu tun und zu lassen, was ich will. Ich muss rein gar nichts. Berauschend. Kichernd atme ich die Freiheit bewusst ein paar Mal tief ein. Dann renne ich die herauf fahrende Rolltreppe hinunter.

Als ich an die frische Luft trete, beobachte ich Reisende, die von ihren Liebsten umarmt werden und in voll bepackten Autos davonfahren. Wäre es nicht schön, abgeholt zu werden? Hier jemanden zu kennen?

Bevor sich diese Gedanken in meinem Kopf fertig formen können, stürmt die Freiheit herein und schreit: „Neeiiinn!!! Auf gar keinen Fall!!! Das würde den ganzen Spaß verderben. Dann wäre das hier keine weiße Leinwand mehr. Es muss unbedingt noch

Orte geben, wo du ins Unbekannte springen kannst, ohne jemanden zu kennen, ohne Vorstellungen, Erwartungen, Erinnerungen oder sonstige Konzepte zu haben."

So wahr, liebe Freiheit. Ich bin lebenshungrig, will Neues ausprobieren und meine Komfortzone verlassen. Ich bin so gut darin, Räume zu schaffen, in denen andere Menschen das erleben können. Jetzt nehme ich mich selbst an die Hand, um über meine eigenen Grenzen hinauszuwachsen. Ich will wissen, wie es sich anfühlt, geführt zu sein.

Bei der Autovermietung erhält die Freiheit ihren ersten Dämpfer, da man angeblich nur ein Auto bekommt, wenn man belegen kann, die Insel wieder zu verlassen. Spielverderber! Was, wenn ich noch nicht weiß, ob, wann und wie ich das tue? Ich bin hergekommen, um Pläne sein zu lassen, und jetzt sollen sie eine Voraussetzung sein, um ein Auto zu mieten? Was sagt die Freiheit dazu? Sie lässt sich nicht in Regeln zwängen.

Wenn ich ungehindert meinem Flow folgen möchte, ist Kreativität gefragt. *Was ist hier sonst noch möglich, Spirit?* Schließlich will ich ja lernen, mich führen zu lassen. Wie komme ich zu einem Auto, ohne mich auf ein Datum oder ein Ziel festlegen zu müssen? *„Lanai"*, kommt als Information rein. Ah, ok. Während ich mich erneut in die Warteschlange einreihe, buche ich online ein Fährticket, um den benötigten Nachweis zu haben. Ob die Fähre mit mir an Bord nach Lanai fährt, wird sich zeigen. Spirits Impuls fühlt sich leicht und verspielt an und ich bin bereit, die zweitgrößte der hawai'ianischen Inseln zu erkunden.

Bei einem ausgiebigen Strandspaziergang im Baldwin Beachpark und einer Dankbarkeitszeremonie am Strand von Ho'okipa nehme ich ersten Kontakt mit der Insel auf. Es ist bald Vollmond und die perfekte Zeit dafür. Beim Legen eines Mandalas aus

Muscheln und Steinen erzähle ich ihr, wofür ich dankbar bin, bis es mir am Strand zu heiß wird und ich hinauf in die kühleren Hügel fahre.

Das Städtchen Makawao wurde zu einem der 25 besten Kunstorte der USA gewählt. Es inspiriert mich dazu, auf Maui meine Kunst zu verkaufen, wie auch auf Big Island meine Bilder in einigen Galerien und Cafés zu bestaunen sind. Insofern reist mein Portfolio immer mit.

Nach einem Bummel durch die eklektischen Läden betrete ich eine schicke Kunstgalerie. Die blitzsaubere ‚Local Art Gallery' erweckt den Anschein, als wolle sie den ersten Preis in Perfektion gewinnen. Alles glänzt und wirkt beinah steril, sodass ich fast auf Zehenspitzen von einem Gemälde zum nächsten schleiche und verstohlene Blicke auf die Preisschilder werfe.

Der Wert eines Kunstwerks ist eine interessante Sache. Vor einem Bild mit rotem Punkt und ein paar hingeschmierten Goldschlieren bleibe ich ernüchtert stehen. $45.000.- *Was ist daran so besonders? Das hätte ich im Alter von 4 Jahren malen können.*

Kopfschüttelnd betrachte ich klassische Bilder, die ich schon hundert Mal in den Galerien von Big Island gesehen habe: Sonnenuntergänge, kitschige Delfinbilder, Schildkröten und Hula-Tänzerinnen. Mein Sohn hat mal zu mir gesagt: „Mama, deine Bilder würden sich leichter verkaufen, wenn du auch Sonnenuntergänge malen würdest."

Eines Tages werde ich meine Liebe zum Ozean auf die Leinwand bringen, doch im Moment male ich Energiebilder, die Bewusstseinsräume öffnen, Erinnerungen wecken, Prozesse unterstützen oder einen Aspekt des Seins in den Vordergrund rücken. Für diese Galerie ist meine Kunst auf jeden Fall zu bunt und zu lebendig.

Der Herr Selbstzweifel klopft an die Tür und tritt gleich ungebeten ein. Ich mag es nicht, wenn er das tut. Mit seinen Urteilen mischt er sich auf herablassende Weise in meinen Erkundungsrundgang ein: „Was glaubst du eigentlich, wer du bist? Wie kommst du auf die Idee, dich mit so renommierten Künstlern zu messen? Die haben jahrelang an Kunstakademien studiert. Du bist nur eine dieser erbärmlichen Möchtegern-Künstlerinnen. Warum sollte sich jemand die Mühe machen, deine Mappe anzuschauen? Du hast noch einen weiten Weg vor dir, bis du mit den guten Künstlern mithalten kannst!".

Es ist ratsam, ihm keine Gelegenheit zu geben, sein Maul aufzureißen. Er ist ein totaler Stimmungskiller, denn er liebt es, mir den Elan zu nehmen und das Leben aus mir herauszusaugen. Je mehr es ihm gelingt, mich kleinzumachen, desto mehr kann er sich aufblasen.

Ich beschließe, den Galerierundgang zu unterbrechen, um mich im farbenfrohen Garten des Habibi, einem nahöstlichen Restaurant, am Springbrunnen zu erfrischen. Zweifeln ist Gift und von meiner Kunst soll der Herr Selbstzweifel gefälligst seine Finger lassen. Ich bleibe so lange mit ihm im Habibi sitzen, bis ich jede seiner Aussagen auf ihren Wahrheitsgehalt überprüft habe.

Byron Katies ‚The work' hilft mir in solchen Momenten, mich aus dem Klammergriff unwahrer Gedanken zu befreien. Als sich die Mauer aus Minderwertigkeit aufgelöst hat, gehe ich in die ‚Hawai'i Souvenir Gallery'.

Sie ist vollgestopft mit knallbunten Souvenirs und handgemachtem Kunsthandwerk. Fasziniert beobachte ich die perfekt gestylte Inhaberin. Das geglättete Gesicht und die aufgespritzten Lippen lassen ihr Lächeln künstlich wirken. Sie weiß, wie man Kunden Honig ums Maul schmiert, manipuliert und verkauft und hat offensichtlich Erfolg damit. Geht es darum? Mich schaudert bei dem

Gedanken. Nein, es gibt einen Weg, der meinem Wesen entspricht. Meinen persönlichen. Er wird sich mir zeigen.

Auf dem Weg zum Auto sehe ich das Bild eines Wals vor der ‚Julie Galeeva Fine Art Gallery' und trete ein, obwohl ich von Galeriebesuchen vorerst genug habe. Hier bei Julie, der warmherzigen russischen Künstlerin, fühle ich mich sofort willkommen. Sie ist ein aufgewecktes Wesen mit fröhlichem Lachen. Ihre Bilder gehen mir direkt ins Herz. Ich lasse sie mit echter Bewunderung wirken.

Mit einem Mal weiß ich, warum ich mich in den anderen Galerien so unwohl gefühlt habe. Es fehlte die Herzensverbindung. Es war unpersönlich, hohl und kalt. Professionell, aber leblos. Julies Art, die Welt zu betrachten und sie auf die Leinwand zu bringen, berührt zutiefst. Ihre Wal-Bilder verzaubern. Wenn ich nicht für längere Zeit unterwegs wäre, würde ich mir auf der Stelle eines kaufen.

Ich erzähle Julie von meiner Reise und den eben gemachten Beobachtungen. Sie lädt mich zum Tee ein und wir tauschen uns über Kunst, Geld und Erfolg aus und darüber, was das Malen uns bedeutet. Ich teile mit ihr, wie stark mich ihre Kunst berührt. Sie taucht ihrerseits tief in meine Bilder ein und dankt mir von Herzen dafür, dass ich diese Welten für die Menschen sichtbar mache.

So habe ich das nie betrachtet. Es tut gut, gesehen zu werden. Der Fokus verschiebt sich. Auf einmal sind unsere Kunstwerke keine Objekte mehr, die es zu vermarkten gilt, sondern lebendige Wesen, die mit der Welt interagieren und sie bereichern.

Interessant ist, dass der Herr Selbstzweifel in diesem Milieu nichts mehr zu melden hat. Er ist still geworden. Wird er in spezifischen Feldern aktiv, in denen Konkurrenz und Ehrgeiz mangelndes Selbstwertgefühl überdecken? Sind das überhaupt meine Stimmen oder nur energetisch vorhandene Themen? Ich werde das weiter beobachten. Beschwingt verabschiede ich mich von Julie.

Bei einem Yoga Studio in Paia werde ich von der herzlichen Kellnerin zum Vollmondtanz eingeladen. Ein Teil von mir geht sofort in Resonanz mit ihrer Einladung, doch ein weitaus stärkerer ist in Abenteuerstimmung. Es zieht mich in die Berge. Also fahre ich hinauf bis auf den Gipfel des Vulkans Haleakala, dem Kraftberg Mauis.

Während ich vor der atemberaubenden Sonnenuntergangskulisse über dem Nebelmeer Yoga mache, um meine steifen Glieder zu lockern, erhalte ich einen kraftvollen Download: *„Lerne, dein Leben im Einklang mit dem Höchsten zu navigieren. Höre, lass los und vertraue. Nimm wahr, wie Spirit durch dich lebt – nicht nur während der Meditation – sondern tagein, tagaus. Erkenne, woher die Stimmen kommen und wähle bewusst, auf welche du hörst."*

Danke Spirit! Das ziellose Unterwegssein ist der perfekte Spielplatz dafür. Ich kann jederzeit innehalten, wahrnehmen und Kurskorrekturen vornehmen.

Im durchstrukturierten Alltag ist das nicht immer leicht, zumal wir oft die Sicherheit routinierter Abläufe vorziehen, um nicht mehr präsent sein zu müssen. Mit eisigem Wind im Gesicht und Gänsehaut am ganzen Körper gebe ich mir die Erlaubnis, frei von Leistungsdruck mit allem da zu sein, was ist. Es wahrzunehmen, ohne es zu zensieren. Es gibt nichts zu erreichen. Ich will nur spielen, Spaß haben, tief ins Erleben eintauchen, mit Leichtigkeit immer wieder neu wählen.

Durch den Vulkan wiederbelebt, fahre ich zurück nach Paia und feiere dann doch mit Gleichgesinnten die Vollmondnacht. Im Tanz sprühen Funken, die Fülle des Erlebten fließt, das Angestaute wird abgeschüttelt. Meine neu gefundene Freiheit will von mir verkörpert werden. Ich tanze, als gäbe es kein Morgen, nehme den Fuß von der Bremse und lasse es sprudeln.

Danach genieße ich draußen die Feuershow, die mich in eine andere Welt versetzt. Ich liebe es, wenn Menschen mit dem Feuer spielen, es hat etwas so Erotisches, Kraftvolles und gleichzeitig Anmutiges an sich, dass ich mich jedes Mal darin verliere.

„Möchtest du an unserer Yogalehrer-Ausbildung teilnehmen?" Eine Stimme bahnt sich ihren Weg durch meine Traumwelt. *Verheißungsvoll.* Der Yogalehrer hat mir beim Tanzen zugesehen und lädt mich ein, an seinem 4-wöchigen Intensivtraining teilzunehmen. Er ist überzeugt, dass es kein Zufall ist, dass ich zwei Tage vor Beginn der Ausbildung hier auftauche. Auf Nachfrage erfahre ich, dass der Kurs mein Budget sprengt. Das teile ich ihm mit und widme mich wieder der Feuershow.

„Der Preis ist in deinem Fall verhandelbar", kontert er. „Ich hätte dich wirklich gerne mit an Bord." Er lässt nicht locker. *Spannend.* Ich erkläre ihm, dass ich gerade ein eigenes Training absolviere. Als er nach meiner Mission fragt, erzähle ich ihm von der Reise mit Spirit. Er meint, Yoga sei der beste Weg, um mit sich in Einklang zu kommen. „Hier bleibst du fokussierter, als wenn du ziellos umherwanderst", versucht er mich zu überreden.

Das ist eine interessante Ansicht und ein Teil von mir stimmt ihm sogar zu. Was bleibt mir am Ende dieser Reise, wenn ich von einer Erfahrung zur nächsten treibe? Sollte ich nicht etwas Sinnvolles mit meiner Zeit anfangen? Ich handle mir bis morgen Abend Bedenkzeit aus.

Das Leben ist seltsam. Mein lang erträumtes Abenteuer ist keine 24 Stunden alt, als es eine neue Wende nimmt. Geht es beim Flow nicht darum, jederzeit offen für Richtungsänderungen zu sein?

Am nächsten Morgen nehme ich mir vor, den ganzen Weg bis Hana durchzufahren, ohne anzuhalten, und stattdessen auf dem Rückweg Zwischenstopps einzulegen. Spirit meldet sich amüsiert: „Erzähle Gott deine Pläne und er lacht."

Klar, solche Vorsätze lassen ihm keine Gelegenheit, zu Wort zu kommen. Doch das würde ich bald selbst herausfinden.

Am ‚Jaws Country Store' vorbeifahrend, will ich umkehren und frühstücken. Will ich bis Hana durchfahren? Oder soll ich mir einen Kaffee holen?

Ich wende auf der leeren Straße, stelle das Auto auf dem Parkplatz ab und öffne die Tür, um auszusteigen. Da fängt es an, wie aus Kübeln zu schütten. Na ja, dann eben nicht. Ich ziehe die Türe zu und fahre zurück auf die Straße. Der Regen hört auf. Moment mal, soll ich doch ...? Das ist urkomisch. Ich lache mich über meine Unentschlossenheit kaputt. Als ob es möglich wäre, die ‚falsche' Entscheidung zu treffen. Kichernd streife ich den Mantel der Erwartungen ab und wende das Auto erneut. Hab Spaß und geh spielen, silly girl!*

Während des Frühstücks drehen sich die Gedanken um meine Entscheidung. Je mehr Abstand ich vom Leben auf Big Island gewinne, desto klarer wird, ich hätte schon längst aufbrechen sollen, hatte mich aber an der Sicherheit des Vertrauten festgehalten. Die Yogalehrer-Ausbildung bietet die gleiche Art von ‚Sicherheit'. Stimme ich zu, bin ich für vier Wochen ‚versorgt' und muss mich um nichts kümmern. Meine Diplomsammlung würde sich erweitern und ich hätte nach dieser Reise etwas Vorzeigbares, eine weitere Errungenschaft, auf welche ich stolz sein könnte. Wäre das nicht toll?

„Wessen Stimmen sind das?", erinnert mich eine innere Regung an den Download von Spirit. Meine Gedanken übergehen den Impuls. Ein Diplom als Yogalehrerin würde mir sicher Anerkennung bringen,

ich könnte danach auf Big Island als Yogalehrerin arbeiten, denkt es hartnäckig weiter. Wir Menschen tun immer irgendetwas, um geschätzt oder geliebt zu werden. Doch auf dieser Reise will ich nicht geliebt werden, sondern herausfinden, wer ich wirklich bin.

Ich möchte meinen direkten Draht zu Spirit vertiefen, nicht die Lehren anderer weitergeben. Auf einmal lache ich laut los, weil mir aufgeht, was hier läuft: der altbekannte Disput zwischen Leistungs- und Selbstbewusstsein.

Ein gut aussehender Mann in meinem Alter unterbricht das Kopfkino: „Stört es dich, wenn ich mich zu dir setze?"

„Ja, also … ich meine nein. Es stört mich nicht … Ich meine, bitte setz dich", stammle ich, ganz im Selbstgespräch versunken. Dann muss ich lachen. Was ist nur los mit mir heute?

Als er zögert, kläre ich ihn auf: „Ich lache, weil ich mich heute für nichts entscheiden kann. Soll ich …? Oder soll ich nicht …? Das hat mich den ganzen Morgen begleitet. Übrigens, ich bin Makana."

Er schaut belustigt, stellt sich als Rafael aus Spanien vor und setzt sich mir gegenüber an den Holztisch.

„Vielleicht sollte ich in dem Fall nicht mit dir reden? Oder soll ich dir meine Nummer geben?" Er macht sich auf so charmante Weise lustig über mich, dass ich nicht anders kann, als wieder loszulachen. Unser lockeres Frühstücksgespräch wird schnell tief und wir einigen uns, einander heute Abend in Hana zu treffen.

Auf der schmalen, kurvenreichen Dschungelstraße nach Hana halte ich insgesamt sieben Mal an, um zu Wasserfällen zu wandern. Die betörend üppige Dschungellandschaft mit ihren uralten Banyanbäumen zieht mich in ihren Bann. So viel zum Thema durchfahren, ohne anzuhalten.

Eine der Wanderungen fordert mich heraus mit ihren steilen Schlammpfaden, die sich durch den anhaltenden Regen in Rutschbahnen verwandelt haben, zumal es nichts gibt, woran man sich festhalten kann. Umgeben von zwei Meter hohem zartem Grün folge ich dem kaum erkennbaren Pfad durch den Bambuswald und frage mich, ob ich diesem Labyrinth jemals wieder entrinnen werde.

Unter einem großen Affenschotenbaum stelle ich Spirit Fragen bezüglich der Yogalehrer-Ausbildung. Aus irgendeinem Grund bleibt meine Wahrnehmung vernebelt und am Yogalehrer hängen, als ließe er mich nicht an sich vorbeischauen. Irgendetwas stimmt da nicht. Er meinte gestern, ich müsse Yoga zum Lebensstil machen und mich ganz darauf einlassen. Klar, macht Sinn für jemanden, der Yogi werden will. Doch meine Erinnerungen an frühere Inkarnationen als Yogi reichen mir. In diesem Leben möchte ich Illusionen entlarven, Erstarrtes aufrütteln und neue Wege ebnen. Für mich wäre diese Ausbildung lediglich ein weiteres Puzzleteil, aber nicht mein Lebensinhalt.

Normalerweise tue ich mich mit Entscheidungen nicht so schwer. *Worum geht es hier? Welche Informationen fehlen mir?* Und wichtiger: *Was weiß ich, das ich mir nicht erlaube zu empfangen?*

Ich dehne mich aus und ermächtige mich, wahrzunehmen, was ich weiß. *„Lanai wartet. Dorthin geht dein Weg"*, sagt Spirit. Von diesem ausgedehnten, entspannten Ort aus zappe ich zwischen den zwei möglichen Szenarien hin und her und schaue sie mir energetisch an. Weiterzureisen fühlt sich leichter an.

Während ich das Nein zulasse, beginnt sich mein System zu entspannen. Ich habe ja schon am Flughafen erkannt, gar nichts zu müssen. Die spielerische Leichtigkeit kehrt zurück und die Gedanken werden still. Mit neuem Schwung gehen Weg und Abenteuer weiter.

Ein Wasserfall spült die Unentschlossenheit weg, die mich den ganzen Tag über begleitet hat. Ich genieße die Wanderungen auf dem Twin Falls Trail, zum Na'ili'ili-haele Wasserfall und bewundere Regenbogen-Eukalyptusbäume. Das Wasser fällt frei über geschliffene Steine, die kurvenreiche Straße schlängelt sich weiter und in mir tut sich immer mehr Erkenntnis auf. Das Wandern in dieser üppigen Natur bewegt einiges. Es geht um Bewusstsein, nicht darum, irgendetwas zu erreichen.

Obwohl das Nein sonnenklar und die Entscheidung gefallen ist, versucht sich der Schatten der Verunsicherung immer wieder anzuschleichen. Er will mit mir über den Beschluss streiten, den ich getroffen habe, und quält mich mit Gedanken wie: *Verpasst du nicht etwas, wenn du Nein sagst? Warum vergeudest du die tolle Chance, Yogalehrerin zu werden?*

Ich bitte Spirit, mir auf dieser Reise zu zeigen, was wahr und nützlich ist und was ich getrost in den Müll schmeißen kann. Eines weiß ich jetzt schon: Wenn es mich schwer macht, verzerrt oder verschleiert daherkommt, dann ist es eine Lüge. Diesmal nicht. Nein zur Yogalehrer-Ausbildung. Nein zu falschen Sicherheiten. Ja zu mir und meinem Traum. Den perfekten Lehrer habe ich bereits gefunden: das Leben selbst. Ich will von Spirit geführt aus mir heraus schöpfen.

Ich reise weiter, bleibe offen, meinem Weg treu und mache mich mehr und mehr mit meiner Wesensenergie vertraut, sodass ich sie in jeder Lebenslage wiedererkennen kann und weiß, wie ich unabhängig von Fremdeinflüssen ticke. Ich übe, mich ins Sein hinein zu entspannen und im Wissen verankert zu sein, dass mit mir nie etwas falsch war. Ich habe nur lange versucht, jemand zu sein, der ich nicht bin.

Begleitet von Erleichterung und einem prickelnden Freiheitsgefühl kaufe ich mir in einem Künstlerladen kurz vor Hana als Erinnerung ein schönes Armband mit Meeresmotiven. Den ganzen Tag habe ich mich Hana angenähert und der Weg war wie eine Wundertüte voller Leckereien, doch nun kann ich es kaum erwarten, endlich anzukommen.

Impulse

Woran kannst du erkennen, ob ein Impuls aus dem Selbstbewusstsein oder dem Leistungsbewusstsein kommt?

Die Freude aus dem Selbstbewusstsein macht dich federleicht. Sie hebt die Stimmung, erinnert dich an deine wahre Natur, gibt dir Energie.

Findet aber im Kopf eine Diskussion statt, wo eine Stimme versucht, dich davon zu überzeugen, dass du doch Freude empfinden oder dich für/gegen etwas entscheiden *solltest*, kannst du sicher sein, dass das aus dem Leistungsbewusstsein kommt.

Reines Wohlbehagen und ein innerer Monolog können nicht gleichzeitig existieren. Freude ist nicht bestechlich. Sie braucht keine Argumente. Sie freut sich einfach. Sie ist frei und ungebunden, kommt und verschwindet, wie es ihr gefällt. Sie braucht Raum, um sich zu entfalten, und geht in Resonanz mit der kindlich verspielten Seite in uns.

Du bist ihr bestimmt schon begegnet, vielleicht ist die Erinnerung nur unter der Dichte und Enge deines gegenwärtigen Zustandes begraben. Die reine Freude, die aus dem Selbstbewusstsein kommt, beflügelt und richtet auf. Und das Großartige an ihr ist, dass sie höchst mitreißend ist, ansteckender als Krankheit, Leid und Schmerz. Wenn du ihr erlaubst, dein Herz zu erobern, wird sie nicht nur dein Leben verändern, sondern durch dich auch das anderer.

Stimmen, die aus dem Leistungsbewusstsein kommen, wollen diskutieren, verhandeln, Streit anzetteln. Wenn du auf sie hörst, kannst du nicht gewinnen, denn sie sind nicht an deinem Wohlergehen interessiert, sondern daran, dich auf Trab zu halten, damit du dein wahres Sein nicht erkennst.

Sie machen dich glauben, dass du nur etwas wert bist, wenn du anhand der Kriterien dieser Realität das tust, was in deiner Kultur als angesehen gilt. Kaum hast du ein Ziel erreicht, sollst du schon das nächste anstreben. Egal wie sehr du dich anstrengst, du kannst dem Leistungsbewusstsein nie genügen.

Und daran erkennst du es: Sich abmühen, leisten, kämpfen, konkurrieren, unter Druck setzen, Erwartungen haben, vergleichen, sind Anzeichen dafür, dass du vom Leistungsbewusstsein angetrieben wirst. Diese Stimmen gaukeln dir vor, dass du willst, was sie wollen. Sie kommen verkleidet daher, bedienen sich aller möglichen Tricks, stiften Verwirrung, erzeugen Stress und sind einzig und allein daran interessiert, dir deine Energie zu rauben.

Maui 2: Urkräfte der Insel

Je näher ich dem Dorf Hana an der Ostspitze Mauis komme, desto gedrückter wird meine Stimmung. *Sollte ich nicht freudig und aufgeregt sein?*

Langsam wird es spät und ich sehe mich vor dem Dunkelwerden nach einem geeigneten Schlafplatz um. Auf dem Campingplatz im Wai'anapanapa State Park stellt sich heraus, dass man online eine Campinggenehmigung hätte beantragen müssen. Ein Blick aufs Handy bestätigt meinen Verdacht: Ich habe keinen Empfang.

Die Rezeption ist verlassen. Ich mache einen kleinen Spaziergang, in der Hoffnung, jemandem zu begegnen, der mir eine Genehmigung ausstellt. Weit und breit ist niemand zu sehen. *Etwas merkwürdig für einen Campingplatz, oder?*

Einem Impuls folgend, nehme ich den Pfad zur Aussichtsplattform über die Klippen und fühle mich zunehmend unwohler. Je näher ich dem schäumenden Ozean komme, desto unheimlicher wird es. Das Vorwärtskommen kostet Kraft, als hätte ich Bleiklumpen an den Füßen. Es ist, als wolle mich jemand zurückhalten. *Bilde ich mir das alles nur ein?*

Ich starre über den Klippenrand in den wilden Ozean und bemerke einen Strudel. Er saugt bei jeder Welle, die auf die Lavafelsen trifft, Meerwasser in eine Höhle. Diese scheint geräumig und ich vermute, dass sie bei Flut komplett überflutet ist.

Die Strömung wirbelt das Wasser in alle Richtungen und mir wird beim Anblick dieses Durcheinanders schwindlig. Irgendetwas stimmt hier nicht! Aber was? Ich kann es nicht benennen. Nur eines ist klar: Hier kann ich nicht bleiben! Meine Beklemmung verwandelt sich in Unbehagen, das ich nicht länger ignorieren kann.

Mich verwirrt die Situation, ich hatte mich so auf Hana gefreut. Und nun das … Ein immer stärker werdender Impuls drängt mich, umzudrehen und wegzulaufen, diesen Ort Hals über Kopf zu verlassen. *Wo soll ich denn jetzt schlafen? Was soll ich tun?*

Ich steige wieder ins Auto, atme ein paar Mal tief durch und versuche, mich zu beruhigen. Es gibt keinen rationalen Grund für einen solch intensiven inneren Aufruhr. Ich fahre in die Innenstadt und nehme mit Hanas Wesen Kontakt auf, möchte mit ihr ins Gespräch kommen, denn jeder Ort hat eine eigene Identität. Ich will, dass Hana mich einlädt zu bleiben, mir irgendein Zeichen gibt.

Aber alles, was ich wahrnehme, ist die Energie von: *„Hau ab."* Das kann sie doch nicht ernst meinen? Ich bin erst angekommen und habe keine Gelegenheit gehabt, mich mit ihr vertraut zu machen?

Und was ist mit Rafael? Ich versuche, ihm zu schreiben, doch ich habe keinen Handyempfang. Komm schon Hana, lass mich rein, bitte? Ich gebe ihr eine weitere Chance. Obwohl ich nichts zu essen brauche, schleiche ich durch den Hasegawa General Store, in der Hoffnung, hier Antworten kaufen zu können. Oder wenigstens eine Erklärung von Spirit zu erhalten, die klärt, warum Hana mich ausspuckt.

Die wenigen mürrisch abweisend dreinschauenden Leute, die ich treffe, verstärken mein Unbehagen. Erneut fühle ich ein: *„Verschwinde!"* Das Gefühl, hier nicht erwünscht zu sein, wird schier unerträglich. Ich hadere mit dem Leben, will nicht akzeptieren, was ist, möchte verhandeln. Ich habe mich so auf Hana gefreut und der ganze Weg hierher war phänomenal. Warum will sie mich jetzt loswerden?

Inzwischen ist es dunkel geworden, ich weiß nicht, wo ich schlafen soll. *„Nicht hier!"*, sagt Hana. Ja, das ist mittlerweile bei mir angekommen. Ich gebe nach und akzeptiere, dass ich heute Abend keine Informationen bekommen werde. Was ich brauche, ist ein Platz, wo ich nächtigen kann.

Ich bitte Spirit darum, mich irgendwann über die Hintergründe dieser höchst bizarren Erfahrung aufzuklären. *„Raus jetzt!!!“*, kommt als Antwort. „Ok, ok, ok“, lenke ich ein.

Mittlerweile ist es stockdunkel. Ich habe keinen blassen Schimmer, wohin ich fahren soll. Die schmale Serpentinenstraße im Dunkeln zurückzufahren, ist wenig verlockend. Ich bin von meinem bewegungsintensiven und erlebnisreichen Tag total erschöpft, vermute jedoch, dass ein Großteil der Müdigkeit auf diese seltsame Energie zurückzuführen ist.

Ich zwinge mich, weiterzufahren und einen Schlafplatz zu suchen. Keine Ahnung wohin, Hauptsache weg von hier. Ich kurve um die Ostspitze von Maui herum, in Richtung Süden.

Es strengt mich mächtig an, auf den unbeleuchteten Straßen zu fahren. Wie soll ich im Dunkeln einen Platz zum Übernachten finden? Ich will so weit wie möglich von diesem unheimlichen Ort weg.

Die Strapazen der nächsten 40 Minuten erscheinen mir endlos und zehren an den Kräften. Ich fahre weiter in Richtung Kipahulu und betrete den Haleakala Nationalpark am Fuße des Vulkans erneut, diesmal von der Südseite.

Völlig übermüdet stolpere ich auf einen Campingplatz und stelle blindlings mein Zelt auf. Einen kurzen Verlegenheitsbesuch im Gebüsch später verkrieche ich mich, ohne einen Bissen zu essen, in meinen Schlafsack. Nach einem letzten erfolglosen Versuch, Rafael zu erreichen, will ich von der Welt erst mal nichts mehr wissen.

Nach etwa zwei Stunden wache ich nervös auf. Ein mulmiges Gefühl kriecht aus dem Dickicht meines Unterbewusstseins und ich fühle mich wie auf der Flucht, als müsste ich jemandem entkommen. Es gelingt mir, wieder einzuschlafen, aber nur, um von Albträumen heimgesucht zu werden.

Einige Stunden später wache ich erschöpft auf, huste und spucke Blut. Das Gefühl ‚Ich muss hier raus' ist wieder da. Ein Blick aufs Handy sagt mir: keine Spur von Rafael.

Es reicht jetzt. Innerhalb weniger Minuten ist das Zelt abgebaut und ich mache mich auf den Weg zum Ohe'o Gulch, den sieben heiligen Pools. Unterwegs schaue ich mir im Rückspiegel in die Augen und erschrecke: Mein Gesicht erscheint leblos und blass. Ich ermutige mein Spiegelbild mit den Worten: „Hallo meine Schöne, ich liebe dich. Und heute wird ein toller Tag!"

Um mich wach zu halten, schalte ich das Radio ein und aus den Lautsprechern ertönt Joe Cockers Song „You are so beautiful"*. Ich liebe Synchronizitäten.

Noch vor Sonnenaufgang erreiche ich die sieben Pools und bin dankbar dafür, allein hier zu sein. Eingebettet in die Schönheit und Kraft dieses besonderen Ortes beginne ich zu tönen. Ich schließe die Augen und erlaube den heilenden Klängen, die aus mir strömen, mich zu beruhigen.

Während die Sonne den Ozean küsst und mir ihre ersten sanften Strahlen entgegenstreckt, weicht die Dunkelheit allmählich einem neuen Tag. Ich bin froh, dass ich Klangheilung gelernt habe.

Meine Stimme bringt mich wieder in Einklang mit dem Universum. Die Erschöpfung der Strapazen der letzten Nacht weicht tiefer Entspannung, die sich durch die Synchronisation der Gehirnwellen einstellt. Klang ist Schwingung und alles ist davon durchdrungen. Ich empfange ihn über die Ohren und jede vibrierende Zelle des Körpers. Ich singe die Chakra-Töne ‚Lam' (Wurzelchakra), ‚Vam' (Kreuzbein), ‚Ram' (Solarplexus) und spüre, wie sich mein Puls verlangsamt und der Atem einen normalen Rhythmus annimmt. ‚Yam' (Herz), ‚Om' (3. Auge) und alle Klänge für die Krone versetzen mich in einen meditativen Zustand, in dem ich das Leben aus einer gelassenen Perspektive betrachten kann.

Maui nimmt mich wieder an. Um Hana wiederzusehen, warte ich auf eine energetische Einladung von ihr. Ich wandere das Tal hinauf zu den Makahiku-Wasserfällen, wo ich einige Downloads von Spirit erhalte.

Ah, wie schön, dass du wieder da bist. Ich habe dich gestern vermisst. Klangheilung kann ein schneller Weg aus Angst und Stress heraus sein. Keine Spur von schlechter Laune kann am Körper kleben bleiben, wenn ich mein ganzes System zum Klingen bringe. Wie neugeboren fahre ich weiter in Richtung Kipahulu.

Mit einem Mal fängt mein Handy an zu piepen und hört gar nicht mehr auf. Endlich habe ich wieder Empfang und alle verpassten Nachrichten prasseln rein. Rafael klingt verzweifelt. Er hat mich gestern Abend in Hana gesucht, und als er mich nicht erreichen konnte, ist er abgehauen. „Ich warte in Kahului auf dich", schreibt er. Mal sehen, ob das klappen wird.

Maui zeigt sich mir von ihrer lebhaften Seite: wild, rau und unbezähmbar. Auf der windigen Panoramastraße entlang des Ozeans sehe ich meine innere Begeisterung am Straßenrand stehen und trampen. Ich nehme sie mit und wir haben einen Riesenspaß zusammen.

Kurz darauf blockiert ein imposanter Stier die Straße und ich bin froh, nicht allein zu sein. Meine Begeisterung und ich kichern wie kleine Mädchen und versuchen, ihn durch das offene Fenster zu fotografieren, ohne ihn zu verärgern. Wie bringen wir Mr. Bull dazu, woanders hinzugehen? Er hat es nicht eilig, von der Straße runterzukommen. Aber die Begeisterung, ich beschließe meinen inneren Anteil ‚Miss Enthusiasmus' zu nennen, ist zuversichtlich.

Irgendwann lässt er uns schnaubend passieren. Auf dem Weg zu einem unberührten schwarzen Sandstrand entdecken wir die perfekte Höhle und nehmen uns vor, hier zu übernachten.

Endlich ein anständiger Schlafplatz. Nein, das ist maßlos untertrieben. Eher eine 5-Sterne-Unterkunft mit außergewöhnlichem Meerblick und nichts als Wildnis drumherum. Miss Enthusiasmus ist schon dabei, das Innere der geräumigen Höhle zu säubern und zu dekorieren. Ich bin total begeistert.

Diese Nacht werde ich Energie tanken wie eine Königin. Ich hole vom Auto alles, was ich für Abendessen und Übernachtung brauche. Den Wagen parke ich etwas abseits außer Sichtweite der Straße. Ich will nicht von ungebetenen Gästen überrascht werden. Die Gesellschaft von Miss Enthusiasmus reicht mir völlig aus.

Vor dem Einschlafen lese ich ein paar Zeilen aus Guy Finelys Buch ‚The secret of letting Go', welches mir am letzten Tag des Hawai'i-Seminars in die Hände gefallen ist. Ich wollte es Mendes schmackhaft machen, als Sunny sagte: „Makana, du weißt ja, wie das mit Ratschlägen ist. Meistens sind sie für uns selbst gedacht." Es war eine knisternde Pause entstanden, dann machte es klick, und ich kaufte es für mich.

Froh, den Wink von Spirit verstanden zu haben, empfinde ich das Buch als einen hervorragenden Begleiter auf meiner Reise. Egal, wo ich es aufschlage, der Inhalt passt perfekt zu den inneren Prozessen, die ich durchmache.

Guy schreibt auf Seite 27: „Es gibt einen besonderen Teil von dir, den nichts beherrschen oder besiegen kann. Dieses wahre Selbst bleibt immer offen und ansprechbar und hält niemals an einer anderen Position fest, als an dem Wunsch zu lernen, was wahr ist. Das ist seine Kraft, in der eine unerschöpfliche Quelle der Intelligenz, des Mitgefühls und des Vertrauens wohnt. Durch diese neue

Beziehung zu dir selbst wirst du für immer sicher und inspiriert bleiben."

Ich fühle es und lese weiter. Auf Seite 29 schreibt er: „Nichts im Universum kann dich davon abhalten, loszulassen und neu anzufangen." Auch diese Worte lasse ich auf mich wirken.

Am nächsten Morgen spielen Miss Enthusiasmus, der Wind und ich im warmen schwarzen Sand. Das Meer ist zu wild zum Schwimmen, aber es geht nichts über einen wirbelnden Morgentanz an einem einsamen Strand. Was für ein grandioses Leben! Ich habe in dieser Höhle geschlafen wie ein Murmeltier.

Auf der Weiterfahrt mache ich im ‚Ulupalakua Ranch Store' Halt, um einen Kaffee zu trinken, aber ich fühle mich fehl am Platz. Die Stimmung an diesem Ort hat etwas Grobes, Rüpelhaftes, unzählige Urteile schwirren durch den Raum. Witze, die auf Kosten anderer lustig sein sollen und stattdessen verletzend sind, mag ich nicht. Ich glaube, manche Menschen poltern laut, um ihre eigene Unsicherheit zu übertönen. Ich steige wieder ins Auto und bemerke, dass Miss Enthusiasmus weg ist. Anscheinend hat es ihr auf der Ranch auch nicht gefallen.

In Kahalui gebe ich meinen Mietwagen ab und treffe Rafael zum Mittagessen, bevor er mich nach Lahaina zur Fähre fährt. Nachdem wir uns bei einer einheimischen Imbissbude Poke* (Fisch) geholt haben, setzen wir uns auf eine Parkbank. Gebannt lausche ich seiner Erzählung:

Nach Sonnenuntergang sei er losgefahren, die Straße nach Hana eng, gefährlich und überfüllt, wie so oft. Unterwegs habe er mir geschrieben, wo genau wir uns treffen, aber ich hätte nicht geantwortet.

„Plötzlich hielt ein Auto vor mir, die Warnblinker gingen an", sagt er. Als er aussteigen wollte, sei ein Mann wütend auf ihn zugestürmt, habe gegen die Scheibe gehämmert und ihn übel beschimpft. „Ich hab das Fenster nicht geöffnet. Der Typ war völlig durchgeknallt."

Ich bin schockiert. „Was zur Hölle war das?"

„Kein Plan. Vielleicht mochte er keine Haoles*", vermutet Rafael.

Noch seltsamer war, dass er extrem müde geworden sei und sich kaum wach halten konnte. „Ich kenne das nicht von mir. Kurz vor Hana hatte ich das Gefühl, ich dürfte nicht hier sein. Am Straßenrand bei einem dieser Kunsthandwerkstände habe ich mir einen Kaffee geholt. Immer noch keine Nachricht von dir. Langsam wurde ich wütend. Aber aus mir unerklärlichen Gründen konnte ich nicht einfach umdrehen und zurückfahren, obwohl ich nichts sehnlicher wollte. Ich war so kurz vor dem Ziel, konnte jetzt nicht aufgeben. Also fuhr ich weiter, aber das ungute Gefühl wurde immer stärker, als sei es keine gute Idee gewesen, herzukommen."

Rafaels Stimme wird leise. „Ich hab Angst gespürt. Richtige Angst. Das passiert mir sonst nie."

Er hatte im Auto schlafen wollen, doch er fand nichts zu essen. Schließlich trieben ihn Hunger und Unbehagen zurück nach Kahului. Ich starre ihn an. „Warte – warte, warst du in demselben Schmuckladen wie ich, kurz vor Hana?"

„Keine Ahnung. Aber da war eine alte Frau, die mich angestarrt und dann wortlos den Kopf geschüttelt hat. Voll psycho."

Mir läuft ein Schauer über den Rücken. „Ich weiß genau, wen du meinst. Mich hat sie genauso angestarrt!"

Er wird bleich. „Wie groß ist die Wahrscheinlichkeit?"

Fassungslos setzen wir uns. „Willst du meine Version der Geistergeschichte hören?", frage ich.

„Ja. Aber sag mir zuerst, warum du nicht ans Telefon gegangen bist."

Ich erzähle ihm meine Erlebnisse. Wir reden über Geister, Nachtwandler und all die anderen seltsamen Phänomene, die wir auf

Hawai'i beide schon erlebt haben. Die Nachtmarschierer, auf Hawai'ianisch ‚Huaka'i Po' genannt, sind ruhelose Geister verstorbener Krieger, die dazu verdammt sind, durch die Welt der Lebenden zu marschieren und ziellos ihren jeweiligen Eingang in die nächste Existenz zu suchen. In der traditionellen hawai'ianischen Spiritualität ist der Glaube weit verbreitet, dass die Seelen von Angehörigen, die einen grausamen, unerwarteten oder tragischen Tod sterben, im Reich der Lebenden verbleiben und dort Unheil anrichten.

„Ich habe am Ende der Welt, einer Bucht auf Big Island, vor der eine große Schlacht endete, mal eine sehr verstörende Erfahrung gemacht und würde nie wieder nachts dorthin gehen. Die Schlacht hat zum Ende des Kapu-Systems geführt, ein Wendepunkt in der Geschichte Hawai'is", erzähle ich ihm.

„Was ist das Kapu-System?", fragt Rafael nach.

„Ein System von Gesetzen und Tabus, das den Alltag der Hawai'ianer strukturierte", erkläre ich. „Es gab praktische Gesetze wie das, das den Fischfang vor Überfischung schützte, aber es gab auch viele Gesetze und Verbote, die das soziale Verhalten prägten. Zum Beispiel war es kapu*, auf den Schatten eines Ali'i* zu treten, und es war kapu für Männer und Frauen, gemeinsam zu essen. Bei der Verletzung eines Kapus drohte die Todesstrafe, obwohl es für den Übertreter manchmal die Möglichkeit gab, in Pu'uhonua o Honaunau Begnadigung und Zuflucht zu finden."

„Und was hast du dort erlebt, was dich so geschockt hat?", will Rafael ungeduldig wissen.

„Ich hatte das Bedürfnis, diesem belasteten Ort Klangheilung zu schenken, also begab ich mich nach Sonnenuntergang mit meiner Kristallklangschale zu den Klippen", beginne ich das Ereignis zu schildern.

„Auf etwa halbem Weg verlor ich die Kontrolle über meinen Körper und erstarrte zur Salzsäule, unfähig, mich auch nur einen Zentimeter zu rühren. Obwohl nichts Ungewöhnliches zu sehen oder zu hören war, konnte ich kaum atmen. Es war faszinierend und erschreckend zugleich. Mein Gehirn arbeitete auf Hochtouren, um mich da rauszuholen." Ich mache eine Pause, um die Spannung zu steigern, und kaue an meinem Fisch.

„Natürlich versuchte ich, mich umzudrehen und wegzulaufen. Unmöglich. Du kannst dir vorstellen, wie ich mich fühlte. Innerlich kämpfte ich gegen die aufsteigende Panik an und musste mich zwingen, ruhig zu bleiben."

Ich schaue Rafael an und sehe, wie er meiner Schilderung gebannt lauscht. „Mit einem Mal fiel mein Blick auf meine Klangschale", fuhr ich fort, „die über meiner Schulter hing, und da erkannte ich das Problem. Die Geister sahen in mir einen Eindringling, weil sie nicht an Frieden und Heilung interessiert waren. Ich nahm all meinen Mut zusammen, holte tief Luft und rief so laut und deutlich es meine zitternde Stimme vermochte in die Dunkelheit: ‚Ich nehme die Absicht zurück, diesem Ort Heilung zu schenken. Ich verschwinde auf der Stelle und kehre nicht zurück.'

Die Worte hingen schwer in der dichten Schwärze, als hätte ich sie vor einem großen Publikum gesprochen. Kaum hatte ich sie zu Ende gesprochen, löste sich meine Lähmung auf. Ich rannte, so schnell ich konnte, zu meinem Auto und fuhr wie eine Gehetzte nach Hause. Das war so creepy*", schloss ich die Geschichte, stand auf und warf den Becher in den Mülleimer.

„Mensch, das ist ja total verrückt", meint Rafael mitfühlend. Je länger unser Gespräch dauert, desto beeindruckter bin ich von seiner Offenheit für die Phänomene der nicht physischen Welten. Was für die Hawai'ianer das Natürlichste auf der Welt ist, stempeln viele Leute im Westen als Humbug ab.

Wir sind beide gestärkt und bereit, weiterzufahren. „Ich würde dich gerne wiedersehen und nehme mir vor, zurück auf Maui zu sein, bevor du die Insel verlässt“, sage ich ihm. „Allerdings nur, wenn es im Flow ist, schließlich ist diese Reise der Hingabe an den göttlichen Fluss gewidmet.“

Er nickt und antwortet: „Ich mag an dir, dass du ungebunden durchs Leben schwebst. Mein Leben ist total verplant, da bleibt nicht viel Raum für Spontaneität. Ich wünschte, ich hätte mehr von dieser Freiheit.“

Kurze Zeit später verabschieden wir uns. Als die Fähre ablegt, renne ich aufs obere Deck und rufe ihm zu: „Soll ich wiederkommen oder soll ich nicht?“ Dann winke ich, bis er ein kleiner Punkt am Horizont meiner Erinnerung ist. Eine Träne kullert über meine Wange. Abschiede machen das Leben kostbar. Voller Dankbarkeit lasse ich die tiefe, nährende Begegnung los, ohne zu wissen, ob wir uns jemals wiedersehen werden.

Die Fahrt über den ruhigen Au’au Chanel ist ausdehnend und erregend zugleich. Der Fahrtwind erzählt von der Freiheit und lädt mich ein, mich treiben zu lassen. Eingehüllt ins satte Blau schließe ich die Augen und spüre, wie Maui in mir nachklingt.

Ich habe das Bedürfnis, ihr zu danken, als plötzlich ein Buckelwal aus dem Wasser springt. Es scheint, als wolle die Insel mir ihre Abschiedsgrüße mit auf den Weg geben. Ein leises Gefühl verrät mir, dass dies nicht mein letzter Besuch hier war.

Lanai 1: Sabotageprogramme erkennen

Die Existenzangst reist auf der Fähre mit ins Unbekannte. Sie will mir weismachen, wie am Boden zerstört ich sein werde, ohne Geld und Job wieder auf der Big Island zu landen. Sie sorgt sich außerdem, wo ich heute Nacht schlafen sollte. Und so fährt sie fort zu plappern, aber ich erspare dir ihre Ausführungen, denn sie sagt nichts Neues. Es ist der ewig gleiche Quatsch. Sie ändert sich nicht, sie spult immer dieselbe Leier ab.

Ich finde sie als Gesprächspartnerin uninteressant und beschließe, ihr nicht länger zuzuhören. Stattdessen richte ich meine Aufmerksamkeit auf das, was geschieht. Die Himmelskünstler sind dabei, die Kulisse für einen spektakulären Sonnenuntergang vorzubereiten. Das Farbenspiel am Himmel und die Reflexionen auf dem Wasser zu bewundern, ist weitaus spannender und zudem real.

Nach dem Anlegen der Fähre im einzigen Hafen der Insel Lanai folge ich einem Traveler-Pärchen und sie führen mich auf direktem Weg zum Campingplatz, der neben dem Hotel ‚Four Seasons' mit paradiesischem Sandstrand liegt. Meine Zeltnachbarn erweisen sich als ansprechende Gesprächspartner am Lagerfeuer und nehmen mich einige Tage später sogar zum Naturwunder Garden of the Gods mit, das nur mit einem Jeep mit Vierradantrieb zu erreichen ist. Alles in allem eine Glanzleistung von Spirit.

Der ‚Garten der Götter' ist eine gigantische Landschaft aus Felsformationen, in kraftvollen Rot-, Braun-, Grau-, Gelb- und Orangetönen. Eine raue Schönheit. Riesige Gesteinsbrocken sehen aus, als wären sie von irgendwelchen Riesen herumgeschleudert worden. Einige Stellen erinnern mich an die Wüste im Sinai, andere an den Waimea Canyon auf Kauai. Weit unter uns tobt das Meer, der Wind bläst uns mit voller Kraft um die Ohren. Diese Umgebung lädt zum Klettern ein, doch die Sturmböen machen es schier unmöglich, das Gleichgewicht auf den hohen Felsblöcken zu halten. Wir klammern uns aneinander fest, um nicht weggeblasen zu werden.

Wie Kinder rennen wir durch dieses Paradies, das wir für uns alleine haben, die Augen leuchten vor Aufregung. Einmal mehr staune ich, wie wenig es braucht, dass ein paar Fremde enge Verbündete werden. Geteilte Entdeckerfreude und die Intensität der Lebendigkeit, die in den Adern pulsiert, schweißen uns zusammen. Wir sind high vom betörenden Mana* dieses Kraftortes.

Nach dem göttlichen Ausflug relaxe ich auf der Terrasse des Hotels neben dem Campingplatz und füttere mein Tagebuch mit ersten Eindrücken von Lanai. Dabei nehme ich wahr, wie ich mich immer wieder nervös umblicke. Fällt es auf, dass ich kein Hotelgast bin und hier nicht reinpasse? Ich beobachte die anderen Leute. Was unterscheidet sie von mir? Was machen sie anders, dass sie sich Ferien in diesem noblen Hotel leisten können? Die Möglichkeit, mir den Luxus eines Tages zu gönnen, scheint in weiter Ferne zu liegen. *Was braucht es, dass diese Tür aufgeht? Was hindert mich daran, mir den Raum zu nehmen, genussvoll im Überfluss zu schwelgen?*

Obwohl ich mittendrin sitze, scheint es eine Kluft zwischen mir und der Luxuswelt zu geben, als wäre sie für mich unerreichbar. Ich bin Zuschauerin, aber nicht Teilnehmerin, ein Teil von mir glaubt, dass so ein Hotel nur was für Reiche ist. Wie süß. Ich schaue mir die Gesichter genauer an, tune mich in den Vibe der Hotelgäste ein. Mürrisch. Angespannt. Gelangweilt. Unfreundlich. Überheblich. Sind sie glücklich?

Nein, ich möchte nicht so sein wie sie, sondern Ich sein mit unbegrenzten Ressourcen. Mir fällt auf, dass ich viele Vorurteile über reiche Leute habe. Sind das überhaupt meine? Oder nehme ich die Urteile im Feld wahr? Also mache ich mir einen Spaß daraus, sie mal alle ungefiltert aufzuschreiben und genauer zu betrachten. Wow, da kommt einiges zusammen.

Wie kann Wohlstand in meinem Leben sein, wenn ich eine solche Mauer zwischen mir und dieser glamourösen Welt errichte? So geht das nicht. Ich nehme die Projektionen zurück und krame in der Erinnerung nach einem Beispiel, das widerlegt, dass *alle* Reichen so sind. Ich finde einige und atme befreit auf. Doch das Gefühl, fehl am Platz zu sein, bleibt. Ja, es steigert sich sogar und fühlt sich an, als müsste ich mich für meine Anwesenheit entschuldigen.

Später helfe ich am Hafen Einheimischen, den Strand zu säubern. Ich frage einen alten Fischer, ob jemand demnächst nach Molokai segelt. Dabei schaue ich mir zu, wie ich mit einem Hauch Unterwürfigkeit auf die Leute zugehe, als bräuchte es ihre Erlaubnis, hier zu sein. Ich bin im Moment überhaupt nicht ich selbst. Dieses Mal kann es nichts mit Geld zu tun haben, wir beseitigen Müll. Etwas verwirrt von diesen undurchsichtigen Empfindungen bitte ich Spirit vor dem Schlafengehen, mir zu zeigen, worum es für mich auf dieser Insel geht.

Am nächsten Morgen öffne ich den Eingang meines Zeltes und lasse auf dem Bauch liegend den kleinen Ausschnitt der Welt auf mich wirken, der sich im Blickfeld befindet. Der Himmel ist tiefblau und klar. Ich bewundere den perfekten weißen Sand, die glitzernde Oberfläche des Wassers, das Plätschern … Heeeey! Delfine!! Meine ‚Dolfriends' sind da!!!

In Rekordzeit stürze ich mich in den Bikini, schnappe mir Maske und Schnorchel und laufe zum Strand. Die Delfinparty ist in vollem Gange, ich kann es kaum erwarten, mit ihnen herumzutollen. Leider habe ich keine Flossen dabei, aber das Freudenfest da draußen lasse ich mir nicht entgehen. Um so weit wie möglich rauszukommen, bevor mich die erste Welle erreicht, renne ich los. Es gelingt mir, in sie einzutauchen, und schon bin ich jenseits der Aufprallzone.

Ich finde meine Lieblinge und bin überglücklich. Sie schwimmen laut quiekend im Kreis um mich herum. Ein Delfin schaut mir tief in die Augen und schlägt ein paar Mal mit seiner Schwanzflosse an die Oberfläche. Wir kichern zusammen unter Wasser. Dann nimmt er Anlauf, legt an Geschwindigkeit zu und zwirbelt einige Meter vor mir aus dem Ozean.

Nach ausgiebigem Spielen frage ich die Delfine, warum mich diese Insel in Bezug auf Existenzberechtigung und Selbstwert so aufwühlt und aus der Bahn wirft. Sie zeigen mir nacheinander zwei Szenen aus meinem Leben.

Die erste findet inmitten der Sahara-Wüste statt, wo ich im Alter von 19 Jahren sechs Wochen bei einer Tuareg-Familie verbracht habe. Meine eben angereiste Mentorin Marianne ist dabei, mir eine unvergessliche Lektion zu erteilen. Ich sehe die Szene lebhaft vor mir. Ich sage zu ihr: „Du bist immer so klar und weißt, was zu tun ist. Ich wünschte, ich könnte das auch."

„Hör sofort damit auf, dich so kleinzumachen", donnert sie mit einer Präsenz, die keine Widerrede duldet. „Wenn du auch nur die leiseste Ahnung hättest, wer du in Wahrheit bist, würdest du den Müll, den du da gerade laberst, keine Sekunde länger glauben." Bäääm!

Das zweite Gespräch findet an einem Körperkurs von Shannon O'Hara in der Schweiz statt. Da bin ich schon einiges älter. An meine gestellte Frage erinnere ich mich nicht, an ihre Antwort allerdings. „You are not pathetic, you are a powerful bitch. Maybe it's time to get, that you are not a piece of shit after all. Once you choose to stay present, you will change the world. So when do you start claiming the fun and abundance in your life? This life time? Or next one? So get to work!“ Wieder bääām!

Ich bleibe regungslos im Wasser liegen. Was immer die Delfine mit meinem Energiefeld machen, es geht tief. Worte kommen da nicht hin. Ich genieße ihr Klangbad und nehme ihre heilende Energie mit dem ganzen Sein auf. Sie aktivieren den Zustand der Glückseligkeit. In ihrer Gegenwart fällt es mir leicht, in meiner natürlichen Wesensenergie der Freude und der Verspieltheit zu sein.

Wenn ich bei Delfinen verweile, löst sich die Identifikation mit dem Menschsein auf. Manchmal vergesse ich unter Wasser sogar zu atmen. Ich bin keine professionelle Apnoetaucherin, die mit nur einem Atemzug tief tauchen kann. Aber aus irgendeinem Grund kann ich in ihrer Präsenz die Luft länger anhalten.

Mit einem Mal stupst mich einer der Delfine mit seiner Schnauze an. Das ist selten. Erstaunt frage ich ihn: „Was ist los?“

Er hebt die Nase, ich strecke den Kopf aus dem Wasser und sehe sofort, was er mir mitteilen will. Ich bin ein ganzes Stück aufs offene Meer hinausgetrieben. Außerdem hat der Wind aufgefrischt und den Wellengang verstärkt. Ich lasse ihm und seinen Buddys eine Welle der Dankbarkeit zukommen und schwimme zurück, was ohne Flossen herausfordernd ist. Sie begleiten mich den halben Weg, dann verabschieden sie sich mit lautem Platschen.

Etwas hat sich verändert, die an mir nagende Deplatziertheit in einem Leben voller Luxus hat sich aufgelöst und ich habe Lust, mich großzügig zu verwöhnen. Vom neuen Feeling erfüllt, tue ich so, als gehörte ich zu den Hotelgästen und lege mich auf eine zum Hotel gehörende weiße Liege am Strand. Mein Gott, sind die bequem. Ein Kellner beugt ein Knie, während er mir mit einem galanten Lächeln einen Weißwein einschenkt. Es hat schon Stil, wie eine Königin behandelt zu werden. Spaßeshalber überlege ich, wo der sexy Gentleman bleibt, der mich einlädt, ein oder zwei Nächte im ‚Four Seasons' zu verbringen? Es käme nur die Suite infrage. Das Gespräch könnte so ablaufen: „Warte, was? Ah, ich kann eine ganze Woche bleiben? Du hast ein Extrazimmer für deine Geliebte gebucht, die nie aufgetaucht ist? – Ob es mich stört, dass das Zimmer keinen Meerblick hat? – Ja, eigentlich schon, aber ich denke, für dieses eine Mal sollte ich mich damit arrangieren können." Ich gluckse amüsiert und bade in der Energie dieser Bilder.

Nach ein paar Minuten stelle ich fest, dass mein Notizbuch im Zelt ist. Jetzt wird das Spiel spannend: Schaffe ich es, mich unbemerkt auf den Campingplatz und wieder zurück in den Hotelsessel zu schleichen? Der Schlüssel lautet, selbstbewusst und unnahbar zu wirken.

Ich laufe am Strand entlang in Richtung Hotel, außer Sichtweite pirsche ich durch die Büsche zurück zum Zeltlager. Auf dem Rückweg schreite ich mit der Eleganz einer feinen Dame mit schickem Hut und Sonnenbrille, halte kurz inne und beobachte die Reaktion der Hotelangestellten. Kommen sie rüber? Werfen sie mich raus?

Nichts passiert. Offenbar spiele ich die Rolle als Hotelgast gut. Heimlich lache ich mich kaputt über den Aufwand, den ich für eine 4-Seasons-Liege betreibe. Klar geht es nicht um das Strandbett, sondern um das Gefühl, das ich beim Einnehmen meines Throns habe.

Ich liebe das Geräusch der rauschenden Wellen und atme in ihrem Rhythmus. Delfinenergie schwingt in mir. Genährt durch die Delfinbegegnung fließen neue Erkenntnisse in mein System. Da erkenne ich, was sie mir zeigen wollten: Es geht nicht um Geld, sondern um Existenzberechtigung und darum, wie ich meinen Körper und den Platz hier auf Erden ausfülle. Erlaube ich mir, mit allem, was ich bin, zu sein? Da zu sein? Oder zweifle ich an der Berechtigung, da zu sein? Es reicht nicht, den Wert meines Wesens nur zu erkennen, Spirit fordert mich auf, diesen voll zu verkörpern. Die Selbstverständlichkeit, mit der ich meinen Platz im Leben einnehme, beeinflusst die Entscheidungen, die ich fälle und die Menschen, die ich treffe. Er sagt: „Wenn du glaubst, dass die Welt ein besserer Ort wäre, wenn es dich nicht gäbe, schneidest du dich von deinem wahren Sein ab. Wärst du nicht berechtigt zu existieren, wärst du nicht da."

Wie elektrisiert stehe ich auf. Spirit führt mich an einen einsamen Platz, an felsigen Gezeitentümpeln vorbei zum Sweetheart Rock, um nachzudenken. Der Anblick verschlägt mir den Atem. Der Pu'u Pehe, ein 24 Meter hoher, dreieckiger Felspfeiler, erhebt sich mächtig vor der Südküste der Halbinsel aus dem Wasser. Diese dramatische Naturkulisse ist der perfekte Ort, um tiefer in diese Mysterien eintauchen zu können.

Aufgeregt klettere ich die Klippen hinunter in die Bucht, wo sich eine vom Salzwasser ausgefressene Höhle befindet, die mir Schatten spendet. Hier lasse ich schreibend hervorsprudeln, was Spirit mir zeigen will:

„Dein wahres Wesen braucht keine Existenzberechtigung, es ist bereits vollkommene Existenz. Sein Wert leitet sich nicht aus dem ab, was es tut oder nicht tut, sondern allein dadurch, dass es ist. Wenn deine Schattenpersönlichkeit überzeugt ist, ein wertloses Stück Dreck zu sein, wirst du dir Situationen kreieren, die genau das spiegeln: Man wird dich wie Dreck behandeln, dich für deine Gaben auf den Scheiterhaufen zerren, dir die Schuld am Elend der Welt geben usw. Du wirst Menschen in dein Leben ziehen, die dir in energetischer oder materieller Form deine Existenz abgraben und dich am Sein hindern.

Erkenne die unbewussten Sabotageprogramme, erleuchte und durchschaue sie. Jedes Mal, wenn du dir deine Existenzberechtigung absprichst oder alles Mögliche tust, um dir zu beweisen, dass du existierst, weil deine Schattenidentität daran zweifelt, bleib mit den Gefühlen präsent, die hochkommen. Fühle sie, lass sie los und dehne dich in dein unbegrenztes Selbst aus.

Wenn du deine verkörperte Existenz ablehnst, wirkt sich das auch auf deine Beziehung zu Materie und Geld aus. Du kannst dann weder das Leben in vollen Zügen genießen, noch seine Fülle empfangen. Ist dein Selbstwert auf ungesunde Weise mit dem Geldfluss verknüpft, kann dein Umgang mit Geld nicht schöpferisch frei sein. Machst du deinen Selbstwert vom Geld abhängig, wirst du nie aus der Fülle deines Seins schöpfen können und es wird dich auch nicht nachhaltig satt machen.

Letztlich geht es nicht um Geld, sondern um eine allumfassende Freiheit, die nicht käuflich ist. Bringe ein neues Geldbewusstsein in die Welt und wisse, dass Geld niemals den Wert deines Seins definieren kann. Doch du kannst dem Geldwesen erlauben, ein Beitrag zu einem aufregenden, lustvollen, unabhängigen Leben zu sein."

Lanai 2: Eine märchenhafte Begegnung

So vergehen einige Stunden mit dem Schreiben, bis die Flut an meinen Zehenspitzen leckt. Halb meditierend, halb in Trance filtere ich die Essenz meines Seins heraus, als wie aus dem Nichts ein verwittertes Gesicht mein Feld behelligt. Eine Hand hält mir eine Plumeria-Blume unter die Nase. Dies und die tölpelhaft gestellte Frage: „Darf ich ein paar Fotos von dir mit Blume im Haar machen?" zerreißen die heilige Ruhe.

Was macht der Typ hier? Warum spricht er mich an? Mein Gesichtsausdruck muss Bände gesprochen haben. Seine Augen betteln um Bestätigung, aber die gestammelte Antwort gibt sie ihm nicht. „Sorry, was …? Das ist nicht … Ich meine … Ich bin nicht … Das ist kein guter Moment …"

Das bemerkt er, stottert selbst ein paar unbeholfene Worte und verschwindet wie ein geölter Blitz von der Bildfläche.

Verdattert sitze ich da und kämpfte mit dem schlechten Gewissen, wohl wissend, es war sein tollpatschiger Versuch, Kontakt aufzunehmen. Er muss sich total zurückgewiesen gefühlt haben.

Ich wende mich wieder der inneren Arbeit zu, doch es misslingt, der Moment ist verflogen, die Energie nicht mehr abrufbar. Egal. Es ist eh Zeit, zum Campingplatz zurückzugehen, um das Zelt abzubauen. Dabei fällt mir ein, mit diesem Menschen zu teilen, dass meine Reaktion nicht gegen ihn gerichtet war, sondern nur Ausdruck des Überrumpelt-Werdens gewesen ist.

Spirit, lass ihn meinen Weg kreuzen, wenn eine Entschuldigung meinerseits ein Beitrag ist. Nicht dass mich das Plumeria-Fotoshooting interessiert, ich will aber seinen Mut anerkennen, mit einem Angebot auf mich zugekommen zu sein. Denn genau das ist es gewesen: eine Einladung.

Er erinnert mich an eine Figur aus meinem Lieblingsbuch aus Kindertagen, das ich immer wieder gelesen habe, wenn ich Trost brauchte. Obwohl Helden haarsträubenden Gefahren trotzen, zweifeln sie manchmal an sich und hadern mit den harten Prüfungen des Lebens. Das mit ihnen gemeinsam zu haben, hat mich versöhnlich gestimmt. Im Buch ‚Brief für den König' begibt sich der junge Ritter Tiuri auf eine abenteuerliche Reise, um dem Herrscher des benachbarten Reiches eine wichtige Nachricht zu bringen. Auf seinem Weg begegnet er dem Narren der Waldhütte, Marius genannt. Dieser wird als schräger Kauz mit zerzausten weißen Locken, umherhuschenden Augen und einem freundlichen simplen Gemüt geschildert, der mit seiner geschärften Wahrnehmung alles mitbekommt, was im Wald vor sich geht.

Dank meiner lebhaften Vorstellungskraft sehe ich die Charaktere dieses Buches noch heute in allen Details vor mir. Dass ich der Figur des Narren einmal in echt begegnen würde, hätte ich mir nicht erträumen lassen.

Kurze Zeit später besinge ich den leuchtenden Himmel und tanze zu den immer länger werdenden Schatten auf dem Felsplateau vor dem Sweetheart Rock. Die glühend roten, violetten und rosaroten Farben und ich sind dabei, den Tag zu ehren, voller Bewunderung für das Leben. Wenn alles, was ich im Außen sehe, eine Spiegelung meiner Innenwelt ist, dann muss diese grenzenlose Schönheit in mir angelegt sein. Diese Erkenntnis bringt mich zum Leuchten. Gott ist ein begnadeter Künstler und von seinem Meisterwerk Erde bin ich besonders angetan. Zwar habe ich entfernte Erinnerungen an Inkarnationen auf anderen Planeten, aber das ist Stoff für ein weiteres Buch.

Und jetzt rate mal, wer dort auf den Klippen steht und Fotos vom Sonnenuntergang macht? Der ‚Narr aus der Waldhütte'. Er sieht genauso aus, wie ich mir Marius immer vorgestellt habe. Diesmal bleibt er auf Distanz. Ob aus Respekt oder aus Angst, ist nicht abzuschätzen. Als ich ihm zuwinke, scheint es, er wolle die Flucht ergreifen.

Kommt ihm meine Aufmerksamkeit verdächtig vor? Möchte er eine weitere Absage vermeiden? Als ich auf ihn zugehe, entschuldigt er sich, mich schon wieder gestört zu haben. Ich will ihm sagen, dass die Reaktion von vorhin nicht böse gemeint, sondern nur ein Ausdruck der Überrumpelung war. Doch er kommt mir zuvor, indem er mich um Verzeihung bittet, völlig unangebracht in meinen Raum eingedrungen zu sein. Ich staune, dass es nichts zu erklären gibt. Er hat verstanden, dass ich dabei war, Zeit alleine zu genießen. Als er mir seinen Namen nennt, bin ich kurz enttäuscht, dass er nicht Marius heißt.

„Freut mich, Fred", erwidere ich. „Ich bin Makana und ich nehme deine Entschuldigung gerne an."

Unsere zweimalige Begegnung ist so außergewöhnlich, dass ich vermute, das Leben hat etwas mit uns vor. Bin ja mal gespannt.

Im Gespräch erfahre ich, dass Fred nie für eine Unterkunft bezahlt, immer in der Wildnis zeltet und sich ausschließlich von Cracker, Erdnussbutter und Käsescheiben ernährt. Seit gut vier Monaten durchquert er zu Fuß eine Insel nach der anderen und ist abends zu müde, um Feuer zu machen oder zu kochen. Das klingt wild, um nicht zu sagen, extrem. Ich genieße das simple, naturverbundene Leben und könnte sicher auf einiges in meinem prall gefüllten Rucksack verzichten. Aber könnte ich monatelang so reisen? Ich glaube nicht ...

Als Nächstes hat er vor, den Munro-Trail über den Bergkamm zu nehmen, der direkt hinter der Stadt Lanai beginnt. Von da aus führt der Pfad die Ostflanke zum Meer hinunter bis zum Kawaiu Gulch und die Küste entlang bis zum Polihua Strand, an dem ich gestern war.

„Ich bin froh, wenn ich auf meinen langen Wanderungen keinen Menschen sehen muss, denn ich mag keine Menschen", fügt er gedankenverloren hinzu. Was meint er damit? Redet er über mich? Oder allgemein? Der Typ ist seltsam. Er zieht eine Augenbraue hoch und starrt mich eine Weile an. Ich glaube, er hat ein paar grundlegende soziale Fähigkeiten verloren. Es folgt ein langes Schweigen. Meine Gedanken schweifen zum Munro-Trail ab. Ich möchte auf den alten hawai'ianischen Pfaden über die Inseln wandern, aber ich traue meinem Orientierungssinn nicht. Wahrscheinlich würde ich mich in der Wildnis hoffnungslos verirren.

„Was machst du hier?", holt mich seine Frage in die Gegenwart zurück. „Ich habe noch nie jemanden getroffen, der so frei ist wie du. Ich wünschte, meine Kinder würden mir sagen, dass ich mich verpissen soll, wenn ich in ihren Raum eindringe."

Unser Austausch hat mit brutaler Ehrlichkeit begonnen, und so behalte ich diesen Kurs bei. „Fühlst du dich schlecht wegen unserer ersten Begegnung?", frage ich ihn unverblümt.

Er schaut kurz erschrocken drein, dann lacht er – zu laut. Ich nehme kein Blatt vor den Mund, sondern spreche ungefiltert aus, was mir durch den Kopf geht. Das hat ein riesiges Spaßpotenzial. Ich kann nicht glauben, wie stark er dem Narren Marius ähnelt.

Als er schweigt, frage ich spontan: „Darf ich mitkommen?"

„Mitkommen? Wohin?", antwortet er, seine Stimme klingt alarmiert.

„Mit dir den Munro-Trail wandern?", ich grinse schelmisch.

Jetzt ist er völlig perplex. Ich habe ihn mit Hochgeschwindigkeit aus seiner Komfortzone katapultiert und er klammert sich am Rande der Galaxie an einen verglühenden Stern. „Ich meine es ernst", dopple ich nach und beobachte gespannt sein Mienenspiel. „Kann ich mich dir anschließen? Ich bin bereit für ein neues Abenteuer."

Von meiner Direktheit überrumpelt, bleibt er stumm.

Als die Pause zu lange wird, gehe ich in die Offensive: „Du bist nicht besonders gut darin, dich mit Fremden zu unterhalten, oder?“ Wenn ich ihn auf eine mehrtägige Wanderung durch die einsame Wildnis begleite, muss ich wissen, woran ich bin und worauf ich mich einlasse.

Schließlich antwortet er, der Weg gehöre nicht ihm und stünde jedem offen. Keine Einladung. Ach ja, er mag Menschen nicht, rufe ich mir in Erinnerung. Wahrscheinlich will er nur seine Ruhe haben. Ehe ich weitere Fragen stellen kann, setzt er doch zu einer Antwort an. Die Wanderung wäre anstrengend und würde mir kaum gefallen. Sein Ton ist nüchtern.

Danach herrscht wieder Stille. Ich sehe, dass er mit sich ringt. Dann nimmt er Anlauf, um etwas zu sagen, was ihn Überwindung kostet: „Außerdem glaube ich nicht, dass du … ich meine …“

Sein Selbstwertgefühl muss verschwindend gering sein, denn er stottert.

„… dass du es lange mit einem alten Narren wie mir aushalten würdest.“

Oh, mein Gott, hat er sich eben selbst so genannt? Als Nächstes gesteht er ein, sein richtiger Name sei Marius.

„Ich hätte nicht gefragt, wenn ich nicht mit dir gehen wollte.“

Seine Kinnlade fällt herunter. Auf seinem hageren Gesicht zeichnen sich in schneller Abfolge die unterschiedlichsten Emotionen ab. Aufgewühlt fragt er: „Macht dir das Spaß? Warum tust du das? Du hast mir heute schon einmal deutlich gemacht, dass ich zur Hölle fahren soll.“ Sein Ton klingt abweisend.

Jetzt bin ich verwirrt. „Was hat meine aufrichtige Frage mit der Zurückweisung von vorhin zu tun? Entschuldige, da kann ich dir nicht folgen?“

„Ach, weil du mir gleich sagen wirst, dass es nur ein Scherz war.“ Er kneift die Augen zusammen, seine Schultern zieht er ein.

Null Selbstwertgefühl. Die Möglichkeit, dass ich es ernst meine, taucht auf seinem Radar gar nicht erst auf. Das ist hart. Ich überlege, was mit ihm passiert ist … Doch ich gehe nicht auf seinen Einwand ein, sondern erkundige mich, wann wir aufbrechen.

Als gäbe es nichts mehr zu besprechen, sagt er trocken, dass wir kurz nach Sonnenaufgang losmüssten, um den Munro- Trail in einem Tag zu schaffen, denn da oben sei es zum Übernachten zu nass und zu kalt.

Aufregung kribbelt in meinem System. Endlich werde ich auf den Pfaden des alten Hawai'i wandern.

Bevor ich in respektvollem Abstand zu seinem Lager meine Luftmatratze aufblase, um in den Dünen zu schlafen, frage ich ihn, ob wir gemeinsam in die Stadt trampen wollen. Er ist überzeugt, dass man das auf Lanai nicht kann, da die Einheimischen nicht Haole* freundlich seien.

Ich schaue ihn ehrlich verwundert an, denn ich kann seinen Worten nicht zustimmen. Ich habe andere Erfahrungen gemacht. Immer wieder faszinierend, wie die Realität unsere Ansichten widerspiegelt.

„Überlass diesen Teil getrost mir. Ich besorge uns eine Mitfahrgelegenheit", versichere ich ihm. Kurz scheint er protestieren zu wollen, dann schluckt er den Kommentar hinunter und schweigt.

Wenig später liege ich unter einem imposanten Sternenhimmel. Vor dem Einschlafen frage ich die Sterne, ob es im Einklang mit dem Höchsten ist, mit diesem seltsamen Fremden in die Wildnis zu gehen. Kaum habe ich das formuliert, schießt eine große Sternschnuppe über den Himmel. *Danke, Universum, das ist alles, was ich jetzt wissen muss. Gute Nacht.*

Lanai 3: Vertrauen schenken heilt

Vor Sonnenaufgang gehe ich zum Campingplatz zurück, um das Allernötigste einzupacken. Es wird schon anstrengend genug sein, Wasser für die ganze Tour mitzuschleppen. Den Rest meines Gepäcks lasse ich dort. Dave, einer der Parkwächter, mit dem ich mich während der Zeit auf dem Platz angefreundet habe, hat mir erlaubt, es in seinem Geräteschuppen aufzubewahren.

Kurz darauf warten Fred und ich an der Hafenstraße auf eine Mitfahrgelegenheit. Er murmelt kaum hörbar: „Das wird ewig dauern." Seine fehlende Zuversicht stachelt mich an. Als hätten wir uns abgesprochen, sitzt Michael, einer meiner Camping-Buddys, im ersten herannahenden Wagen. Ihn freut unser Wiedersehen, und er nimmt uns mit.

Während wir das Gepäck in den Kofferraum legen, raune ich dem Narren kameradschaftlich ins Ohr: „Siehst du, es geht doch ganz leicht." Michael fährt uns nicht nur zum Supermarkt, wo wir uns mit Vorräten für die Wanderung eindecken, sondern gleich bis zum Einstieg des Munro-Trails. Das verschafft uns einen wertvollen Vorsprung an Tageslicht. Mich beruhigt der Gedanke, dass jemand weiß, wo ich bin, nur für den Fall … Ich umarme Michael zum Abschied und dann machen wir uns beschwingt auf den Weg in die Wildnis.

Der Regenwaldpfad führt vorbei an prächtigen Araukarien, Eisenholzbäumen und Kiefern. Der Weg ist schlammig und nicht leicht begehbar. Das Umgehen tiefer Pfützen am Pfad wird zum Balanceakt. Mehr als einmal verlieren wir das Gleichgewicht und ziehen es vor, in die hohen Farne am Wegesrand zu steigen, damit sich nicht gleich zu Beginn der langen Tour die Schuhe aufweichen. Manche Stellen können wir nur mithilfe von Baumstämmen und großen Steinen überqueren, oft müssen wir einander gegenseitig aus dem Schlamm ziehen oder das Gepäck abnehmen, damit wir beide Hände frei haben. Das ist alles so anstrengend, dass wir die Kälte gar nicht beachten. Keiner von uns ist dem Wetter entsprechend gekleidet. Der Nebel kriecht in die ohnehin schon feuchten Hosen und je höher wir steigen, desto eisiger pfeift uns der Wind um die Ohren.

Nach einem schweißtreibenden Aufstieg durch den mystischen Regenwald entdecke ich eine große Schaukel, die an einem Ohia-Lehua*-Baum hängt und deren Einladung ich unmöglich ausschlagen kann. Sehr zum Missfallen meines Begleiters werfe ich mein Gepäck an den Wegrand, um schaukeln zu gehen.

„Kennst du die Legende von Ohia und Lehua?", frage ich ihn und ignoriere seine missmutige Miene. Als er verneint, lade ich ihn ein, sich neben mich zu setzen, und bin erstaunt, dass er das, ohne zu zögern, tut.

„Die Vulkangöttin Pele begegnet eines Tages dem schönen Krieger Ohia und verfällt auf der Stelle seinem Charme", beginne ich und stoße uns sanft mit der Schaukel ab. Und so erzähle ich ihm die uralte hawai'ianische Legende vom Ohia-Baum.

„Sie bittet ihn, sie zur Frau zu nehmen, doch Ohia weist sie zurück, weil er seine Liebe bereits Lehua geschworen hat. Aus lauter Zorn verwandelt Pele Ohia in einen verdrehten Baum und stürzt damit ihn und Lehua ins Unglück. Die anderen Götter haben Mitleid mit den untröstlichen Geliebten. Sie finden es ungerecht, dass die beiden durch Peles Rache bis ans Ende der Zeit getrennt sein sollen", spinne ich die Legende weiter, während wir sanft weiterschaukeln.

„Deshalb verwandeln sie Lehua in eine Blüte am Ohia-Baum, damit die Liebenden für immer vereint sind. In Hawai'i sagt man, dass man keine Lehua-Blumen pflücken soll, um die Liebenden nicht zu trennen. Wer es trotzdem tut, beschwört Regen herauf, weil er die Götter zum Weinen bringt", beende ich meine Erzählung.

„Dann hat wohl gerade jemand eine Lehua-Blüte gepflückt", schimpft Fred, denn in exakt diesem Moment beginnt es zu regnen.

Der Pfad durch den Regenwald steigt weiter an und wird zusehends nebliger. Mehr als einmal schrecken wir ein Reh auf. Ich rackere mich ab, um mit meinem Begleiter Schritt zu halten. Zwar bin ich dank der Arbeit auf den Booten fit, aber nichts im Vergleich zu Fred, der seit Monaten die Inseln zu Fuß überquert. Je steiler der Weg, desto schweigsamer sind wir. Etwa vier Kilometer später schenkt uns die Maunalei-Schlucht einen spektakulären Panoramablick. Auf unserem Weg am Gipfel des Lana'ihale vorbei gibt es immer wieder solche Stellen. Einmal kann man weit über das Meer schauen und Maui und Molokai deutlich erkennen. An klaren Tagen soll man von hier aus alle Inseln sehen können.

Während der Wanderung beobachte ich, wie ich mich energetisch dem Groove meines Begleiters anpasse. Das geschieht oft automatisch, ohne dass ich es merke. Das kann eine Weile Spaß machen, doch mit der Zeit anstrengend werden. Um mich auf Fremde einlassen zu können, knüpfe ich an die Energie ihrer Erlebniswelt an. Das erleichtert den Zugang und ermöglicht es mir, in ihrer Sprache zu kommunizieren.

Bei manchen Menschen fällt es mir schwer, in meiner eigenen Kraft zu bleiben, weil ich mich wie ein Chamäleon anpasse. Als Kind war das eine Art Überlebensstrategie, um nicht aufzufallen oder herauszustechen. Solange ein Empath nicht genau weiß, wie sich seine Wesensenergie anfühlt, kann es schwierig für ihn sein, zu erkennen, wann es sich um seine eigenen Energien und Gefühle handelt und wann es die der anderen Menschen sind.

Aus einer größeren Perspektive betrachtet, gibt es nichts, was wir nicht sind. Alles, was wir wahrnehmen können, ist ein Teil von uns. So gesehen ist dieses ‚Chamäleonspiel' die Erforschung unseres Selbst. Doch es ist nur dann ein Spiel, wenn uns bewusst ist, dass wir energetisch zu jemand anderem werden und frei sind, nach Belieben zu wechseln.

Bei Fred fällt es mir schwer, in meiner Energie zu bleiben. Ich betrachte meine ausgeprägte Fähigkeit, Energie wahrzunehmen, als Geschenk, auch wenn ich lange üben durfte, mit ihr umzugehen. Zum Beispiel benutze ich sie, um das System einer Person zu scannen, die ich durch einen Prozess führe.

Im Falle Freds diente sie mir dazu, mich in seine Absichten einzuloggen. Ich tat das gestern, als ich in Betracht zog, ihn auf dieses wilde Abenteuer zu begleiten. Dabei wollte ich wissen, was die wahre Natur seines Interesses an mir war. Hinter Verwirrung und Schmerz entdeckte ich Einsamkeit und eine tiefe Sehnsucht, jemanden hereinzulassen, und sei es nur für einen halben Zentimeter. Ich habe ein hungerndes Herz vorgefunden, aber keinen Hang zu Gewalt oder Missbrauch.

Am Ende des langen feuchten Tages erreichen wir durchgefroren die Stelle, an der sich die Pfade zum ersten Mal trennen, und legen an der Kreuzung eine Rast ein. Ein Weg führt geradeaus in Richtung Hafen. Die Aussicht, morgen früh auf der Fähre nach Maui zu sitzen, ist verlockend. Die schmerzenden Füße, die ungemütlich nasse Kleidung und die wenig einladende Haltung des Narren sprechen eindeutig dafür.

Der andere Weg biegt links ab und schlängelt sich über die Ostflanke steil zur Küste hinab. Während der kurzen Rast versuche ich mir Klarheit darüber zu verschaffen, was ich tun will. Die anstrengende Wanderung abbrechen? Ihn weiter begleiten? Mir ist klar, dass der nächste Ausstieg erst in drei bis vier Tagen möglich sein wird. *Ob ich so lange durchhalte?* Wirklich entspannt bin ich in Freds Nähe nicht. Seine mürrische Art hat etwas Erdrückendes. Es fühlt sich mehr wie ein Forschungsprojekt an als ein genussvoller Ausflug.

Dann stehe ich auf, treffe eine Entscheidung und wende mich Fred zu, der in seinem Rucksack kramt. „Unsere Wege trennen sich hier. Herzlichen Dank für deine Gastfreundschaft."

Er kann seine Enttäuschung nicht verbergen, sie verzerrt kurz sein Gesicht. „War es so unerträglich mit mir?", fragt er mit heiserer Stimme.

„Darum geht es nicht", antworte ich, „ich bin ehrlich gesagt nicht sicher, ob ich mir die nächste Etappe zutraue."

„So mühsam wie heute wird es nicht mehr. Ab morgen können wir uns die Etappen frei einteilen", versucht er mich umzustimmen.

„Trotzdem", ich bleibe dabei.

„Na dann, take care", meint er kurz angebunden, schnallt sich seinen Rucksack um und verschwindet.

Kaum ist er weg, zweifle ich an meiner Entscheidung. Hätte ich mitgehen sollen? Das Gefühl, etwas zu verpassen, regt sich in mir. *Werde ich es bereuen, einen Rückzieher gemacht zu haben?* Noch könnte ich ihn einholen ... Hin- und hergerissen stehe ich da, unfähig, einen Entschluss zu fassen. Aus irgendeinem, mir unerklärlichen Grund scheint es wichtig zu sein, meine Wahl erneut zu überprüfen.

Ich setze mich auf den nassen Waldboden, den Rücken an einen Eukalyptusbaum gelehnt, und schließe die Augen. Fragen stellen hilft immer. *Was weiß ich hier? Worum geht es wirklich?*

Spirit, was erschafft es, wenn ich die Tour abbreche und zum Hafen zurückkehre?

In meiner Innenwelt herrscht nebulöses Chaos.

Was kreiert es, wenn ich Fred ein paar Tage begleite?
Der Nebel verzieht sich, es wird hell.

Muss ich sonst etwas wissen?
Der traurige Blick des Narren taucht vor meinen inneren Augen auf.

Ist es für ihn?
Da wird es ganz leicht.

Werde ich mit seiner Schwere klarkommen?
Du brauchst seine Last nicht zu tragen.

Alles klar, auf geht's. Danke Spirit für die Lektion in Sachen Urvertrauen.

Ich schultere meinen Rucksack und eile Fred hinterher. Am Waldrand blicke ich angestrengt auf den steinigen Pfad, der sich in Richtung Meer schlängelt. Niemand zu sehen. *Kann es sein, dass er schon so weit voraus ist?*

Ich rufe mehrmals laut seinen Namen, höre aber nichts. Zuversichtlich, ihn zu finden, beschleunige ich den Schritt. Die Mission, ihn einzuholen, gibt mir neue Kraft. Nach einer gefühlten Ewigkeit erweitere ich den Suchradius und entdecke eine winzige Gestalt, die weiter entfernt ist, als ich es für möglich gehalten hätte.

Habe ich so lange beim Baum verweilt? Oder ist er gerannt? Ich werde ihn erst einholen können, wenn er anhält. Bald wird es dunkel und spätestens dann muss er seinen Marathon unterbrechen. Da der Weg noch weit ist, verlangsame ich das Tempo, um Kraft zu sparen. *Flieht er vor mir? Oder rennt er seinem Schmerz davon?*

Es tut mir gut, allein zu sein. Seine Energie ist aus meinem Feld verschwunden und mein buntes Wesen erwacht erneut zum Leben. Ich nehme mir vor, in den nächsten Tagen zwischendurch Zeit mit mir zu verbringen, um mich wieder spüren zu können. Das ist alles, was ich brauche.

Ich genieße die durch den Abstieg rasch zunehmende Wärme und die sich verändernde Landschaft. Eine halbe Stunde später sehe ich eine Gestalt am Boden kauern. Fred! Schnell eile ich hin und erkundige mich nach seinem Befinden. Er zuckt bei dem Klang meiner Stimme zusammen und schaut völlig verdattert. „Du bist hier …"

„Ja, ich habe es bereut, nicht mitgekommen zu sein, kaum dass du weg warst", erkläre ich mein Verhalten.

„Du bist zurückgekommen", staunt er und schaut mich an, als wäre ich eine Erscheinung. „Oder träume ich?"

„Nein, nein", antworte ich lachend, „ich bin in Fleisch und Blut hier."

„Aber warum …?" Zweifel stehen ihm ins Gesicht geschrieben.

„Ich wollte mir diese einmalige Chance, mit dir durch die Wildnis zu ziehen, nicht entgehen lassen."

„Du bist zurückgekommen", stottert er erneut. „Du bist meinetwegen umgekehrt." Er kann es nicht glauben.

„Ja", bestätige ich, „ich habe Spirit um Rat gefragt und er wollte, dass ich dich noch eine Weile begleite. Also bin ich hier. Ich hoffe, du bist damit einverstanden?"

„Einverstanden? Ich … also das ist … das hat in meinem ganzen Leben noch nie jemand für mich getan." Sein Vertrauen ins Leben ist sichtlich gestört.

In diesem Moment nehme ich energetisch wahr, wie eine uralte Wunde in ihm heilt. Es ist, als ob die Tür zum angeborenen Urvertrauen einen Spalt breit aufgeht. Hätte er nicht vor langer Zeit seine Fähigkeit zu weinen abgespalten, würden jetzt Tränen fließen, das spüre ich deutlich.

Sein abgrundtiefes Misstrauen gegenüber den Menschen beginnt zu bröckeln. Ich konnte nicht ahnen, wie stark ihn diese kleine Geste erschüttern würde. Sein ganzes System ist dabei, sich neu zu ordnen.

Eine Weile sitzen wir beide schweigend da. Dann frage ich ihn erneut, warum er hier sitzt. Er hat sich den Fuß verstaucht und nicht die Kraft gefunden, wieder aufzustehen. Ich untersuche seinen Knöchel. Er ist etwas geschwollen, ansonsten erkenne ich keine Anzeichen einer Verletzung.

„Darf ich?" Und ohne seine Antwort abzuwarten, lasse ich heilende Energie durch meine Hände fließen. „Die Heilung hat bereits auf einer viel tieferen Ebene stattgefunden", sage ich, „dein Knöchel wird sich schnell erholen."

Er schaut mich entgeistert an. Dann ergreift er meine Hand, um sich mühsam aufzurichten und zaghaft seinen Fuß zu belasten.

„Du bist zurückgekommen", wiederholt er immer wieder. In seinen Augen leuchtet etwas auf, das neu ist bei ihm. Ist es Dankbarkeit?

Sein Verhalten mir gegenüber verändert sich nach diesem Erlebnis so grundlegend, dass sich meine letzten Bedenken, mit ihm allein in der Wildnis zu sein, in Luft auflösen.

Die heilende Erfahrung bewirkt Wunder und wir gehen nun natürlicher miteinander um. Für ihn ist das sichtlich neu und ich bewundere seinen Mut, sich darauf einzulassen.

Am Meer angekommen, legen wir uns sofort schlafen. Vor dem Einschlafen danke ich Spirit. Die Lektion in Demut hinterlässt auch bei mir Spuren. Beschäftigt, herauszufinden, worum es im Leben geht, kreisen meine Gedanken meist um mich selbst.

Ich tue so, als würde sich die Welt um mich drehen und übersehe dabei völlig, in vielen Momenten auch eine Rolle im Leben eines anderen zu spielen. Nie hätte ich mir ausmalen können, dass meine Entscheidung eine solch einschneidende Wirkung auf Fred haben könnte.

Wir können nicht überblicken, was wir bewirken, wen wir berühren oder wie viel es einem anderen Menschen bedeutet, was durch uns in die Welt kommt. Manchmal kann der richtige Satz zum passenden Zeitpunkt eine ganze Lawine von Ereignissen auslösen. Würden wir schweigen, käme nichts davon in Gang. Die Symphonie des Lebens ist komplexer, als wir sie mit unserer begrenzten Vorstellungskraft fassen können.

Am Morgen steigt die Sonne leuchtend über Maui auf. Beim Frühstück stelle ich mit Erleichterung fest, dass die Schwere in Freds Feld keine Wirkung mehr auf mich hat. Anscheinend ist der Job erledigt, unsere Abmachung erfüllt. Obwohl es seinem Fuß schon besser geht, lassen wir es die nächsten Tage langsamer angehen, erkunden ausgiebig einsame Buchten und verlassene Strände. Seit dem Beginn der Wanderung sind wir keiner Menschenseele begegnet.

Wenn ich mit Fred weiterwandere, verwandle ich mich in eine Wilde, die ‚normal' neu erfindet, weil sie jegliche Referenzpunkte hinter sich gelassen hat. Mit der Normalität habe ich schon längst Schluss gemacht, aber diese Reise weckt archaische Aspekte in mir, die weit über das Vertraute hinausgehen. An diesem abgeschiedenen Ort verliert die Zeit ihre Bedeutung, soziale Kontakte sind ein Luxus und Duschen eine ferne Erinnerung. Der Verstand hört auf, etwas zu wollen. Es wird offensichtlich, dass er es nicht bekommt. Mein ‚Narr' passt in keine Schublade und ich liebe es. Er scheint den Anspruch, hineinzupassen, schon vor Jahren aufgegeben zu haben. Er ist wie ein Reh im Wald: lautlos, scheu und flink.

Da kommt er beschwingten Schrittes daher, die Kamera um den Hals, die weißen Locken vom Wind zerzaust und zeigt mir vor Zufriedenheit strahlend die Schätze, die er von seinem Morgenspaziergang mitgebracht hat.

Mich zermürbt der herumliegende Abfall, aber er freut sich so über seinen Fund, dass ich nicht anders kann, als es ihm gleichzutun. Wir machen eine Modenschau und tragen, was wir am Strand finden: einen Plastikhelm, ein Fass als Abendkleid, Sagexkugeln als Halskette usw.

Ausgelassen albern wir herum und werden ständig einfallsreicher, unsere Kostüme immer ausgefallener. Der Wind versucht, uns auszuziehen, während wir uns auf dem ‚Laufsteg' darum bemühen, das Gleichgewicht zu halten.

Als wir unseren Weg nach Norden fortsetzen, erhöht der Wind seine Intensität und beginnt, an meinen Nerven zu zehren. Schmerzende Füße tragen nicht zur Aufhellung der Stimmung bei. Der Narr, der einen Wasserbehälter in der einen Hand hält und mit der anderen in den Schätzen wühlt, ist still geworden. Ich kann nicht sagen, dass mir sein Schweigen leidtut. Bei ihm weiß man nie, welche Verrücktheiten als Nächstes aus ihm herausbrechen, da ist etwas Ruhe gelegentlich willkommen.

Es macht mir Spaß zu erforschen, was ihn antreibt. Welche Angst oder Sehnsucht, welcher Schmerz verbirgt sich hinter seiner groben Art? Wann hat er sich vom Urvertrauen abgewendet, die Hoffnung aufgegeben und entschieden, dass man den Menschen nicht trauen kann? Wie wird unsere Begegnung ihn verändern? Wird er einen anderen Weg einschlagen und dem Leben eine neue Chance geben?

Von sich aus teilt er selten etwas Persönliches, deshalb gehe ich meiner Neugierde nur auf energetischer Ebene nach. Über Gefühle zu reden, wäre eine Schuhnummer zu groß für ihn.

Nach fünf Tagen kommen wir an die Kreuzung, wo ein Ausstieg aus der Wanderung möglich ist. Ich freue mich auf ausgewogenere Ernährung, Verwöhn-Momente für den Körper, darauf, ein hübsches Kleid zu tragen und mit kultivierten Leuten auszugehen, und treffe eine Entscheidung. Mein Maß an Wildnis ist erreicht. Außerdem sind die Füße voller Blasen und ich kann kaum laufen.

Dieses Mal scheint ihn meine Ankündigung, die Wanderung abzubrechen, nicht zu kränken. Der Abschied ist kurz und schmerzlos.

„Du bist etwas ganz Besonderes", sagt Fred zu mir. „Noch nie war jemand so gut zu mir. Pass auf dich auf."

Ich bedanke mich für die einzigartige Erfahrung und umarme ihn, merke aber an seiner stocksteifen Haltung, dass das zu viel Nähe ist. Er hat alles zugelassen, was für ihn möglich war, mehr geht zurzeit nicht.

Obwohl ich 12 Kilometer den Hang hinaufstolpern muss, nur wenig Wasser und Tageslicht übrig habe, spüre ich eine grenzenlose Kraft in mir. Einen Selbsterhaltungstrieb, der aus der Bereitschaft erwächst, mein Schicksal selbst in die Hand zu nehmen.

Ich werde den Aufstieg schaffen, koste es, was es wolle und wenn ich die halbe Nacht durchwandern muss. Wunderbarerweise nimmt mich etwa zwei Stunden später ein nettes Paar im Auto bis Lanai Town mit. Wieder einmal hat mich das Leben großzügig mit allem versorgt, was ich brauche.

Es ist eine tiefgreifende Erfahrung, in der Wildnis unterwegs zu sein, abgeschnitten von jeder Möglichkeit, Hilfe anzufordern. Aus dem Wissen, dass man sich selbst aus dieser Situation befreien muss, egal, was passiert, erwächst eine ungeheure Kraft.

Später am Stadtrand warte ich auf eine Mitfahrgelegenheit, lasse die Bilder Revue passieren und bin unendlich dankbar, das Geschenk dieser skurrilen Begegnung mit dem ‚Narren' angenommen zu haben.

Abenteuer sind mein Lebenselixier. Vielleicht fließt deshalb auf meinem Lebensweg noch nicht viel Geld, weil ich sonst diese wertvollen Lektionen verpassen würde. Die echten, reinen und authentischen Erfahrungen, die mir beibringen, dem Leben zu vertrauen.

Würde ich mich auf eine solche Reise einlassen, wenn ich mit materiellem Reichtum gesegnet wäre? Der Erfahrungsschatz macht mich reich. Für kein Geld der Welt könnte ich sie kaufen. Das Konto meiner Lebenserfahrung und Kreativität, meines Ideenreichtums und Wachstumswillens ist prall gefüllt. Ich bin superreich.

Jäh halte ich inne und nehme mir vor, diese Backpacker-Superfrau, die ‚alles ist möglich Frau', die ich auf dieser Reise besser kennengelernt habe, nie zu vergessen. Ich mache mit ihr aus, weiterhin ab und zu mit ihr auszugehen, selbst dann, wenn ich superreich bin und den Komfort von Luxusresorts genieße. Das Millionen-Sterne-Hotel unter freiem Himmel wird immer meine Lieblingsunterkunft bleiben!

Die Sonne ist untergegangen und ich stehe wartend am Straßenrand. Mir bleibt nichts anderes übrig, als meine schmerzenden Füße zu überreden, sich wieder in Bewegung zu setzen. Der Wind bläst mich fast von der Landstraße. Ich ziehe mir die Kapuze weit über die Ohren, um sie vor der Kälte zu schützen.

Endlich hält ein voll besetzter Jeep an und die Insassen sind bereit, sich eng aneinander zu quetschen, um mich bis zum Campingplatz mitzunehmen. Mit gefühlt letzter Kraft hole ich dort das zurückgelassene Gepäck aus Daves Schuppen und schleppe meine Habseligkeiten zum Waschraum, wo ich meine Blasen versorgen kann. Da ich keinen Zeltplatz gebucht habe, schleiche ich in Richtung Dünen, um dort zu übernachten. Kaum liege ich erschöpft auf der Luftmatratze, kommt der Schein einer Taschenlampe näher. Ich wünsche mir sehnlichst, in Ruhe gelassen zu werden.

Dave, der Park-Ranger, hat mich beobachtet, er lässt nicht mit sich verhandeln. Er argumentiert, dass es zu gefährlich ist, hier zu schlafen. Als ich ihn regungslos anstarre, holt er mich mit einer Gratisnacht auf dem Zeltplatz aus der Lethargie. Ich nehme sein Angebot widerstandslos an und merke, welche Qual es ist, wieder aufzustehen, erneut das schwere Gepäck durch den Sand zu schleppen. Der Campingplatz ist doch weit entfernt.

Jeder Schritt schmerzt, da fällt der Impuls: *Wow, wieder wird für mich gesorgt. Vielleicht rettet er mir das Leben.* Ich bedanke mich bei Spirit für seine Fürsorge. Doch es kommt noch besser: Dave, der mitbekommen hat, wie erschöpft ich bin, fährt mir mit dem Golfwagen entgegen und bringt Trinkwasser mit. Was für ein Goldschatz. In dieser Nacht fühle ich mich dem tobenden Wind ausgeliefert und will weg von dieser Insel. So fühlt es sich an, wenn das Maß voll ist.

Die Überfahrt nach Maui am darauffolgenden Morgen ist Heilung pur. Ich beobachte Wale und Delfine, die in der frühen Morgensonne spielen, und habe einen dieser ‚This is it'-Momente. Ich lebe meinen Traum, habe alles, was ich mir je wünschen könnte. Die Energiereserven laden sich auf, während das wohltuende Dunkelblau meine körperlichen Schmerzen lindert.

Maui 3: Vertrauen in den Flow

Zwei junge Herren, die vor mir über die Rampe der Fähre in Maui an Land gehen, werden von der Polizei in Handschellen gelegt und in den Sheriffwagen verfrachtet. Was ist denn hier los? Was willst du mir mit diesem Willkommensbild mitteilen, Maui?

Ich habe mit Rafael ausgemacht, dass er mich hier abholen würde. Kaum sieht er mich, schreit er: „Warum hast du mich eine Stunde zu früh herbestellt?"

Was für ein bizarrer Empfang. Ich bin überhaupt nicht in der Stimmung, angeschrien zu werden. Kurz erschüttert durch seinen Angriff, schüttle ich ihn lachend ab und lasse mich nicht mehr aus der Ruhe bringen. *Silly humans.*

Auf dem Weg zum Auto klärt sich das Missverständnis auf: Er war eine Stunde zu früh, weil eine seiner Uhren falsch gestellt war. Obwohl er sich bald beruhigt, können wir uns nicht synchronisieren, es ist, als wäre die Zeit tatsächlich zwischen uns verschoben.

Ein Trugschluss jagt den nächsten, die Kommunikation ist unbrauchbar, alles holpert, nichts fließt. Unsere Handys wollen nicht laden, deren Akkus sind immer fast leer oder tot. Keine Power. Seit meiner Ankunft auf Maui bin ich nicht mehr in meinem Element. Was ist los? Habe ich Rafaels Energie übernommen?

Auf Lanai war ich so mit meinem Wesen verbunden, doch hier erkenne ich mich kaum wieder. Liegt es daran, dass ich mich jemandem angehängt, seinem Rhythmus angepasst habe?

Oder geht es darum, mich vor Molokai auszuruhen? Letzteres fühlt sich leicht und wahr an, also schalte ich einen Gang zurück und beschließe, es Maui nicht übel zu nehmen, dass wir nicht auf der gleichen Wellenlänge sind.

Während Rafael in der Kahana Bucht windsurft, versuche ich schreibend meine Innenwelt zu ordnen. *Hätte ich Maui überspringen sollen? Was will mir dieser Energiestau sagen? Warum spüre ich mich nicht mehr? Und sollte ich nicht etwas Sinnvolleres tun, als hier herumzuliegen?*

Im selben Augenblick erkenne ich das unnötige Bestreben, in allem einen Sinn zu suchen. Es gibt absolut nichts zu tun. Jedes Bemühen ist zu viel. Ich schlage das Buch ‚The secret of letting go' auf und staune, wie passend Guy meine Gefühlsregungen einmal mehr zusammenfasst.

Er erklärt, dass echtes Glück immer mühelos ist, weil es nie auf der Suche nach sich selbst ist. Wer verzweifelt danach strebt, glücklich zu sein, hält das Unglücklichsein aufrecht, denn man kann sich nicht ‚glücklich machen'. Glücklich sein ist der Ausdruck eines stressfreien Lebens.

Nach Glück zu streben, baut auf der falschen Annahme auf, es besitzen zu können. Die Anstrengung dahinter deutet darauf hin, dass es einen Plan gibt, etwas zu konstruieren. (Glück, Erfolg, Vertrauen usw.)

Letzterer sorgt dafür, dass wir nicht offen sind für das, was uns wahrhaftig im Leben begegnet, weil wir ständig jedes Ereignis mit dem vergleichen, was wir uns vorgenommen haben. Dieser meist unbewusste Abgleich erzeugt Stress und verwandelt glückliche Abenteuer in Enttäuschungen. Unglücklich ist der, der beschlossen hat, nach etwas zu suchen.

Beim Lesen wird mein Atem tief und frei. Die Gedanken lassen mich los. Dankbar staune ich über die Leichtigkeit, die sich einstellt, sobald ich die Anstrengung, einem Plan nachzujagen, aufgebe. Mir wird bewusst, dass ich den Vorsatz gefasst habe, eine Reise ins Urvertrauen zu unternehmen. Jedes Mal, wenn ich vergesse, dass es dabei um Bewusstsein und Selbsterkenntnis geht, bin ich frustriert, weil sie mich nicht auf die Weise glücklich macht, wie ich glaube, dass sie es sollte.

Manchmal passiert nichts, obwohl ich davon ausgehe, dass etwas Spektakuläres passieren müsste. Oder ich zweifle daran, genug Zeit und Geld zu haben, um das zu erreichen, wofür ich hergekommen bin. Als ob man Vertrauen erringen könnte. Es richtet sich nicht nach meinen Zielen, ich kann es höchstens zulassen, gedeihen lassen. Loslassen ist der Schlüssel für mich. Kontrolle, die alles definieren will, kennt keine Hingabe. Die von mir geschmiedeten Pläne schmelzen dahin. Ich lasse sie los ...

Mein Handy-Akku zeigt einen Rekordwert von 20 % an und dann geht die Post ab, alles ordnet sich wie von selbst. Den ganzen Vormittag mit Rafael hat nichts funktioniert. Kaum alleine, läuft alles wie am Schnürchen. Sofort buche ich einen Flug und zwei Mietautos, eines für die letzten Tage auf Maui und eines für Molokai. Von Akamu, einem Bekannten, erhalte ich die Zusage, auf seinem Camp zelten zu dürfen. Gut zu wissen ist, dass mein Flow zurzeit davon abzuhängen scheint, dass ich allein und ungestört bin.

In diesem Moment kommt eine Erinnerung an Monika hoch, die ich auf Kauai kennengelernt und die mir gezeigt hatte, wie kopflastiges Pläneschmieden dem Flow den Wind aus den Segeln nimmt. Unsere Initialbegegnung wurde durch ein aussagekräftiges Bild eingeleitet, kurz nachdem ich das Universum um eine Reisekameradin mit Tiefgang gebeten hatte: Sie räumte meinem lädierten Auto Steine aus dem Weg.

Ich erkannte, dass sie von Spirit geschickt wurde, und lud sie auf einen Drink ein. Sie lehnte zuerst ab, weil sie es sich in den Kopf gesetzt hatte, am selben Tag den Canyon zu besichtigen.

„Ein Besuch im Waimea Canyon lohnt sich meines Erachtens nur, wenn man ausgiebig Zeit hat, zu den zahlreichen magischen Plätzen zu wandern“, teilte ich ihr mit.

Sie wollte trotzdem hin, obwohl es schon später Nachmittag war. Als ich ihr eröffnete, dass ich dort oben im Auto übernachten würde, entschied sie spontan, mich zu begleiten. Dabei verwarf sie ihren Plan, am selben Abend in ihr gebuchtes Hotelzimmer zu fahren, das am anderen Ende der Insel lag.

Mein unkonventioneller Reisestil war ansteckend, ihre Abenteuerlust entfacht. Mich faszinierte, dass sie vorzog, das Geld für ein teures Zimmer in den Sand zu setzen, um stattdessen mit einer von mir geliehenen Matte und einem Schlafsack im Auto zu schlafen. Die einmalige Gelegenheit einer solchen Erfahrung und die Energie, die uns beide rief, konnte das Hotel offenbar nicht bieten.

Im Nationalpark angekommen, blieben uns genau zwei Stunden Tageslicht. Obwohl sie Respekt davor hatte, im Dunkeln den Rückweg nicht zu finden, überredete ich sie, mich auf die Wanderung zu einem meiner Lieblingsplätze zu begleiten. Unser gemeinsamer Flow war phänomenal.

Wir traten genau in dem Augenblick aus dem Dschungel heraus an den Canyonrand, als die letzten Sonnenstrahlen das Portal auf der gegenüberliegenden Felswand beleuchteten. Obwohl ich diesen Kraftplatz schon mehrmals aufgesucht hatte, hatte ich ihn nie auf diese Weise erleuchtet gesehen.

Die mystische Kraft dieses Dimensionstors rührte sie zu Tränen und weckte eine Erinnerung an etwas Archaisches in ihr. Das göttliche Timing sorgte außerdem dafür, dass wir alleine waren – tagsüber wimmelt es hier normalerweise von Touristen – und es wohlbehalten vor Einbruch der Nacht zurück zum Auto schafften.

Unterwegs erzählte sie mir, dass sie an diesem Morgen die Karte ‚Vertrauen‘ gezogen hatte. Also wappnete ich mich dafür, dass sie sich eine Erfahrung kreieren würde, die genau das ermöglichte: Zu üben, im Vertrauen zu bleiben.

Die Akteure ihres Theaterstücks erschienen mitten in der Nacht lärmend und alkoholisiert, um gleich neben unserem Schlafplatz eine laute Party zu feiern. Das war außergewöhnlich, denn ich hatte schon des Öfteren hier übernachtet, ohne je gestört worden zu sein.

Im Flow sein bedeutet auch, dass das Universum uns zeitnah schickt, worum wir gebeten haben. Das Abenteuer mit mir führte sie weit aus ihrer Komfortzone hinaus und sie meisterte die Vertrauensübung mit Bravour. Zurück blieb eine pulsierende Lebendigkeit und die Gewissheit, an dieser Erfahrung mehr gewachsen zu sein, als dies in ihrem Hotelzimmer möglich gewesen wäre. Der neugewonnene Reichtum kompensierte die ‚vergeudete' Investition tausendfach.

Der natürliche mühelose Flow, den sie mit mir genoss, setzte sich auf ihrer Weiterreise nicht fort. Sie reiste mit einer Bekannten weiter und lud mich eine Woche später ein, ihr Tourguide beim Lavasee zu sein. Die Art Einladung, die mir grundsätzlich Spaß macht, doch als ich mir die Details ihrer Pläne anhörte, wurde mir schwindlig. Sie unterschätzte die Distanzen auf Big Island und wollte nicht von ihrem Plan abweichen, obwohl er logistisch wie zeittechnisch nicht den geringsten Sinn machte. Es ist unmöglich, auf unsere Intuition zu hören oder mit dem Flow zu gehen, wenn wir nicht bereit sind, Pläne über den Haufen zu werfen.

Ich bedauerte zwar, Monika nicht wiedersehen zu können, wählte jedoch, sie nicht zu begleiten, weil sich für mich nichts davon nach Flow angefühlt hatte.

Als sie mir später aus Oahu von ihren gescheiterten Plänen berichtete, fragte ich: „Wo ist der Flow hin?" Und da sprudelte die ganze Verzweiflung nur so aus ihr heraus.

„Genau die Frage habe ich mir auch gestellt ... Seit ich mit meiner kopflastigen Begleiterin unterwegs bin, ist alles unglaublich schwer und kompliziert geworden, mit ihr muss man jedes Detail dreimal besprechen, alles im Voraus festlegen. Kein Wunder, dass nichts geklappt hat und wir uns mit unserem Marathonplan total übernommen haben. Ich bin aus meiner Hawai'i-Bubble gefallen, nicht mehr geerdet und schon gar nicht mehr am Fliegen. Um ehrlich zu sein, spüre ich mich grad überhaupt nicht mehr."

Während ich in Rafaels großem Van chille und auf seine Rückkehr warte, frage ich mich, ob Flow übertragbar ist, ob man ihn mit einem anderen Menschen teilen kann oder ob er nur funktioniert, wenn man alleine unterwegs ist?

Am nächsten Tag versuche ich mit leerem Akku einen schicken Sportwagen zu mieten, was an die Herausforderung meiner Ankunft auf Maui erinnert. Rafael neckt mich, als ich ihm erzähle, wie ich mir beim Schlangestehen von einem heißen Typen ein Ladekabel geliehen habe.

„Weißt du, als du nach Lanai aufgebrochen bist, habe ich mir Sorgen um dich gemacht. Ich fand deine Art zu reisen äußerst leichtsinnig. Langsam sehe ich ein, dass meine Bedenken unberechtigt waren. Ich lasse dich eine halbe Stunde allein und du kommst mit einem schicken Sportwagen, einem aufgeladenen Telefon und einem neuen Liebhaber zurück." Er grinst mich frech an.

Obwohl er scherzt, spüre ich, wie er erahnt, worum es mir auf meiner Reise geht. Hinter dem übermütigen Funkeln seiner Augen erkenne ich Bewunderung. „Übrigens, geiler Schlitten", strahlt er.

Ich wusste, dass er sich freuen würde, und bin froh, mich auf diese Weise revanchieren zu können. Wir lassen es uns nicht nehmen, abwechselnd auf der Motorhaube des schnittigen Autos zu posieren und zum stürmischen Sonnenuntergang ein paar Klischeefotos zu schießen.

Zum Abschied lade ich Rafael in die ‚Maui Brewing Company' in Kihei ein, für einen Bierliebhaber wie ihn ein Muss. Trotz der ausgelassenen Stimmung wird unser Gespräch schnell tief, wir können nicht anders.

Ein paar Mal geraten wir uns in die Haare, zum Beispiel, als ich ihn auf einschränkende Überzeugungen hinweise oder ihn damit provoziere, während seines dreiwöchigen Aufenthaltes nichts von der Insel gesehen zu haben. Es kommt zu einem hitzigen Wortwechsel.

Mein Gott, wie ich die extrovertierte, spanische Ausdruckskraft liebe. Ich genieße Rafaels aufgeweckten Geist, seine feurige Art, Emotionen auszudrücken. Es macht Spaß, sich so fetzen zu können, ohne einander zu verletzen. Wir reden über Musik und Kunst, unsere Ungeduld, die Fähigkeit, das Spiel der Projektionen zu durchschauen und hinter die Masken der Menschen zu blicken.

Wir sind beide in der Lage, tief zu reflektieren und Beobachtungen präzise in Worte zu fassen. Auch wenn wir uns triggern lassen, schauen wir im Nachhinein den unbewussten Teil an, der wachgeküsst werden will.

Nach dem Essen spielen wir, ‚Bierdeckelsammlung vervollständigen'. Er klaut welche von den anderen Tischen, ich baue Pyramiden aus der Beute und warne ihn vor herannahenden Kellnern. Göttlich!

Dann bringe ich ihn zum Flughafen, und eine herzliche Umarmung später bin ich wieder allein. Ich liebe es, auf mich gestellt unterwegs zu sein, dennoch fällt es mir manchmal schwer, sofort in den Solo-Flow zurückzufinden. Es ist, als würde ich vorübergehend aus dem Takt fallen, weil der Tanzpartner fehlt.

Am nächsten Tag zieht ein weiterer Sturm auf, das Wetter spielt auf meiner Erkundungstour völlig verrückt. Regenschauer wechseln sich mit heftigen Windböen und aufklarenden Wolkenabschnitten ab. Im DT-Fleming Park werde ich high von diesem Naturschauspiel und tanze im Bikini im Regen.

Auf dem Ohai Trail lege ich mich joggend mit der Kraft der Elemente an. Manchmal ist meine Dankbarkeit für die Erde so gigantisch, dass sie aus mir herausströmen muss, sonst platze ich. Habe ich keine Instrumente dabei, benutze ich meine Stimme. Von Wind und Wasser belebt, schenke ich am äußersten Rand einer hohen Klippe dem Ozean meine Klänge.

Anfangs lasse ich allerlei seltsame Geräusche erklingen, dann setzen sich immer mehr schamanische Gesänge durch. Mit geschlossenen Augen töne ich mich so in den Moment hinein, dass ich die Anwesenheit eines Mannes nicht bemerke, der in respektvollem Abstand hinter mir steht und sich von dieser Urenergie tragen lässt.

Erst nachdem ich mich bei den Göttern für die Geschenke der Aina* bedankt habe und den Rückweg zum Auto antreten will, kommt er wortlos zu mir und umarmt mich innig. Seine Rührung sagt mehr als tausend Worte. Wir verschmelzen miteinander, als hätten wir uns schon immer gekannt. Es liegt kein Hauch von Übergriffigkeit darin, unsere grenzenlose Verbundenheit stammt nicht aus dieser Zeit. Er bedankt sich mit einem tiefen wissenden Blick, drückt mir seine Visitenkarte in die Hand und ich schwebe beflügelt zum Parkplatz zurück. Die Umarmung auf der Klippe ist der Anfang einer wundervollen Freundschaft, die bis heute angehalten hat.

Kurz darauf sitze ich im Miniflieger, der sich wacker gegen den Sturm behauptet, nach Molokai.

Molokai 1: Verantwortlich fürs Glück

Kurz vor Sonnenuntergang setzt die Cessna Grand Caravan, mit der ich fliege, auf der Landebahn des winzigen Flughafens von Molokai auf. In die Aufregung mischt sich Nervosität: Wird das wenige verbleibende Tageslicht reichen, um den Mietwagen zu finden?

Dunkle Regenwolken hängen schwer am Himmel. Ich suche den gesamten Parkplatz nach dem von Michael beschriebenen grauen Honda Odyssey ab und hoffe, dass die Wolken dichthalten, bis ich mein Gepäck im Trockenen verstaut habe. Ich habe keinen Bock mehr auf nasse Klamotten.

Das klappt, denn die dicken, schweren Regentropfen prasseln erst auf das Autodach, als ich meinen Rucksack in den geräumigen Kofferraum verfrachte. Kaum eingestiegen, steigt mir der stechende Geruch von Desinfektionsmittel in die Nase und Michaels Worte fallen mir wieder ein: „Ein Mann ist in diesem Auto an einem Herzinfarkt gestorben."

Ein flaues Gefühl breitet sich in meiner Magengegend aus und ich versuche, die aufdringlichen Bilder zu verscheuchen. Ich beschließe, auf keinen Fall in diesem Van zu schlafen, wenn es sich vermeiden lässt. Mit solchen Beschlüssen sollte man achtsam sein, denn sie können den Verlauf der Reise, ja des Lebens, stark beeinflussen.

Wie es sein wird, Akamu, meinen Bekannten, wiederzusehen? Er ist ein Hüter der Erde und der alten mystischen Schätze und weiß, wie man von ganzem Herzen lächelt. Gerührt erinnere ich mich an die tiefen Gespräche am Lagerfeuer, die Kajakausflüge und die Massage, die ich ihm als Dank für seine Gastfreundschaft geschenkt hatte.

Ich staune, dass er sich nach über drei Jahren an mich erinnert und die Vorfreude auf ein Wiedersehen offenbar gegenseitig ist.

Je näher ich Akamus Haus komme, desto aufgeregter bin ich. Mein Herz klopft laut, als ich an der Tür klingele.

Gleich darauf versinke ich in einer großen Bärenumarmung. „Akamu, wie schön, dich zu sehen." Er lächelt mich an, doch sein Lächeln erreicht seine Augen nicht. Was ist mit ihm passiert?

„Wie geht es dir, Akamu?" Ich erkenne ihn kaum wieder. Sein Haar ist ergraut, er sieht müde und abgekämpft aus.

„Wie geht es deiner Familie? Und wie kommt es, dass du alleine hier bist?", fragt er, ohne die Frage zu beantworten. Ich dränge ihn nicht weiter, und wir nehmen im Wohnzimmer Platz. Das alte Haus seiner verstorbenen Großmutter lauscht, während ich Akamu von meiner gescheiterten Ehe berichte und davon, wie ich mich in den letzten Jahren aus dem inneren Kerker befreit habe. Raus aus Kontrolle, Missbrauch und toxischen Verstrickungen.

Dabei spüre ich, wie Akamu sich immer mehr entspannt. Seine Gesichtszüge werden weicher. Er ist ein ausgesprochen guter Zuhörer, nimmt alles auf, unterbricht nicht. Ich nehme wahr, wie sich etwas in ihm bewegt, ohne genau zu wissen, was die Worte in ihm auslösen,

Dann fragt er, woran ich erkannt habe, meinen Ex verlassen zu müssen. Ich schildere, wie ich es schon lange gewusst, jedoch einige Anläufe gebraucht hätte, mich dem Sog dieses mächtigen, charismatischen Mannes zu entziehen. Bis das Leben mir einen unmissverständlichen Weckruf gesandt hatte.

Laut zerreißt das Telefon die sanfte Atmosphäre. Akamu schaltet den Anrufer auf Lautsprecher, und so werde ich Zeugin eines Gesprächs, das sich auf einer völlig anderen Ebene abspielt als unseres. Der ‚Freund' ist nicht an Akamu interessiert, sondern nur daran, in seinem Leben herumzuschnüffeln, um Klatsch und Tratsch zum Weitererzählen zu haben. Akamu versucht mehrmals, dieses energieraubende Telefonat zu beenden. Endlich setzt er sich durch.

„Puuuhhhh, wo waren wir?“, fragt er matt. Es gibt keinen Weg zurück in unser Gespräch, dafür ist der Kontrast zu dem, was sich eben abgespielt hat, zu groß. Aber ich habe genug über mich geredet und frage stattdessen: „Bist du glücklich mit deiner Frau?“

Die Frage öffnet eine lang verschlossene Tür und bringt eine ganze Lawine ins Rollen. Nachdem er jahrelang alles in sich hineingefressen hat, fängt er nun an zu reden. Der Druck der angestauten Frustration ist zu groß, der Damm bricht. Akamu treten Tränen in die Augen.

Er spürt die Verbindung zu seiner Frau nicht mehr. Sie entfernen sich stetig voneinander, dicke unüberwindbare Mauern stehen zwischen ihnen. Er weiß nicht, wie es so weit kommen konnte. Nur dass ihn die Trauer darüber innerlich auffrisst.

Damit sie alles hat, was sie braucht, liest er ihr jeden Wunsch von den Augen ab, doch es erschöpft ihn, von einem Projekt zum anderen zu rennen, um sie glücklich zu machen. Als ich ihn frage, ob sie das denn sei, flüstert er nach langem Schweigen: „Ich weiß es nicht. Aber ich bin nicht glücklich. Niemand weiß, wie es wirklich um meine Beziehung steht. Ich tue immer so, als wäre alles in bester Ordnung. Ehrlich gesagt, läuft mein Leben seit Jahren furchtbar schief und ich bin kurz davor, unter dieser Last zusammenzubrechen.“ Er seufzt.

Ich ermutige ihn, tiefer zu gehen, sich seine Sorgen von der Seele zu reden, dabei fragt mein Herz still das seine: „Warum schließt du das alles in deinem Innern ein, du schöner Mann? Wovor hast du solche Angst? Und wofür schämst du dich so sehr?“

„Du kannst dir gar nicht vorstellen, wie gut es mir tut, endlich jemandem zu sagen, was ich wirklich fühle. Es ist, als würde ich eine verrostete Tür zu einem Kerker voller Geheimnisse aufschließen.“ Akamu gesteht, wie stark sich sein Herz hinter diesen dicken Mauern nach Liebe sehnt und welche Energie es ihn kostet, die Fassade aufrechtzuerhalten.

Und dann ist da sein Lebenstraum, den er nie verwirklicht hat. Schon krass, wie man mit einer simplen Frage einen solch tiefen Abgrund aufreißen kann. Energetisch nehme ich deutlich wahr, wie Verdrängtes sichtbar wird, Unterdrücktes ans Licht kommt und er endlich Raum zum Atmen hat. Die Mauer bröckelt, er sprengt eine nach der anderen.

An diesem Abend legt er alle Karten auf den Tisch, als hätte er nichts mehr zu verlieren. Nun kann er sich mit ungetrübter Nüchternheit betrachten. Die Geschichten der Selbstverleugnung greifen nicht mehr. Seine Welt, die sich zu schnell gedreht hat, bleibt stehen, er kann aussteigen und erkennen, was von außen so offensichtlich, im Schleudermodus jedoch nicht sichtbar ist.

„O mein Gott, Makana, mir ist gerade klar geworden, dass ich nicht mein eigenes Leben lebe. In Wirklichkeit lebe ich gar nicht. Ich funktioniere. Warum habe ich mich so lange selbst belogen und mir eingeredet, dass sich das eines Tages ändern würde?“ Er sieht aus, als würde er aus einem Albtraum erwachen.

Ich frage ihn, ob er je mit seiner Frau gesprochen hat. Er schaut mich erst verwirrt, dann erstaunt an und schüttelt betroffen den Kopf. Wie soll sich etwas ändern, wenn wir unsere Wahrheit unter Verschluss halten und weder wir selbst noch unsere Liebsten Zugang zu ihr haben? Dann wundern wir uns, den Schlüssel zum eigenen Herzen nicht mehr zu finden?

Die Erleichterung, sich endlich jemandem anvertraut zu haben, wäscht in dieser Nacht viele Blockaden weg.

„Danke für dein Vertrauen, Akamu. Es berührt mich zutiefst, dass du mir dein wohl gehütetes Geheimnis anvertraust“, bedanke ich mich von Herzen.

„Danke, dass du zugehört hast“, antwortet er. „Weißt du, vorhin, als du mir von deinem Ex-Mann erzählt hast, wurde mir klar, dass ich so nicht weitermachen kann. Dass du dich aus deinem Elend befreit hast, hat mir die Hoffnung gegeben, dass es auch für mich eine andere Möglichkeit gibt.“

Der erste Schritt ist getan. Es geht um Bewusstsein. Sobald wir uns erlauben, die Dinge so zu sehen, wie sie wirklich sind, kommen wir aus der Verstrickung heraus. Dann erkennen wir, schon immer Mut und Kraft gehabt zu haben, das Leben selbst in die Hand zu nehmen, ohne es wahrhaben zu wollen. Wir können unsere Energie nicht verlieren, nur vorübergehend so tun, als hätten wir keine. In Akamus Fall sprengt sich gerade Tatendrang frei, der Prozess ist nicht mehr zu stoppen.

Am nächsten Tag erwache ich voller Energie, bewegt von der tiefen Verwandlung, die wir letzte Nacht gemeinsam erlebt haben. Was gibt es Schöneres, als mitzuerleben, wie ein Mensch wieder zum Leben erwacht?

Ich finde Akamu in der Küche, wo er pfeifend das Frühstück zubereitet, und staune: Er sieht mindestens fünf Jahre jünger aus als gestern. Ich erkundige mich nach seinem Befinden. Er meint, er sei so leicht wie schon lange nicht mehr, nur sein Körper fühle sich an, als hätte ihn ein Bulldozer überfahren.

Während des Essens besprechen wir, was wir mit dem Tag anfangen wollen. Da Akamus Campingplatz wegen seiner vielen Bauprojekte oft zu kurz kommt, biete ich ihm an, ihn beim Aufräumen und Putzen zu unterstützen.

Sein kleines Paradies sieht verwahrlost aus. Das letzte Unwetter hat Spuren hinterlassen. Ich sehe schon, an Arbeit wird es uns heute nicht mangeln. Wir schnappen uns beide einen Rechen und legen los. Nach einer Weile halte ich inne.

„Akamu, du hast gestern von einem Traum gesprochen, der kaum mehr existiert. Welchen hast du gemeint?“ Seine Augen leuchten.

„Eigentlich möchte ich nur auf Molokai leben“, sagt er. „Einfach, mit der Insel verbunden. Einen Garten anlegen, jagen, fischen, mein eigenes Paradies schaffen. Unter dem Sternenhimmel Reisende empfangen, am Lagerfeuer berührende Momente teilen, zurück zur Natur.“

Wir arbeiten still weiter, dann fügt er hinzu: „Und ich möchte meinen Bootsführerschein machen, ein kleines Boot besitzen. Den Einheimischen helfen, unabhängig zu sein, weil Flüge immer teurer werden.“

Ich bin überwältigt. Von seinen Visionen und seiner Begeisterung. „Was hält dich auf?“, frage ich.

Er zögert. „Ich weiß es nicht ... Ich bin es so gewohnt, für alle zu sorgen.“ Er zählt auf, wem er geholfen hat. Es schmerzt, das zu hören. Ich möchte ihn schütteln, ihm zurufen, dass er aufhören soll, allen gefallen zu wollen. Denn sich selbst gefällt er längst nicht mehr, sein Leben hat jeden Glanz verloren.

Wir schrubben, schleppen und wühlen den ganzen Tag im Dreck, unterbrochen nur durch Akamus Fragen. Es gibt unzählige, die ich ihm gerne stellen würde, gebe ihm aber stattdessen Zeit und Raum, um selbst zu erkennen. Der Gedanke, was es mit seiner Frau macht, wenn er seine Träume lebt, lässt ihm keine Ruhe. Mich erschüttert es, zu beobachten, wie schnell sein Energiefeld schrumpft, sobald er darüber spricht, was sie will. Zeit für Klartext!

„Akamu, du tust all diese Dinge für sie, aber ihr seid beide unglücklich“, stelle ich klar.

„Du hast recht. Ich muss mit ihr reden. Aber was ist, wenn es ihr nicht gefällt?“, fragt er.

„Wenn ihr was genau nicht gefällt, Akamu? Dass ihr Mann glücklich ist? Dass er endlich anfängt, seine Träume zu leben? Niemand sagt, du sollst sie verlassen. Aber fang an, dich zu leben!", fahre ich fort, meine Stimme vehement. „Lebe dein Leben und baue *dir* etwas auf, nachdem du jahrelang Häuser für alle anderen gebaut hast. Du bist voller Talente und Kreativität, aber wenn du deine Gaben noch länger verschwendest, fehlt dir bald die Kraft, sie für das zu nutzen, wonach dein Herz sich sehnt."

Er runzelt die Stirne. „Wenn du es so sagst, weiß ich nicht, warum ich so lange gewartet, Jahre meines Lebens vergeudet habe. Aber was ist, wenn sie nicht einsieht, dass es für mich an der Zeit ist, meine Träume zu leben?"

Ich teile das Verständnis von Liebe mit ihm, ein Ausdruck echter Liebe bestehe darin, dass man seinem Partner Freiraum lässt, zu wählen, was ihn erfüllt. Doch Akamu will wissen, was dann aus ihr wird und ob es nicht egoistisch ist, nur an sich zu denken.

Der Mann hat ein so großes Herz, dass er nicht realisiert, was er da sagt. Nach jahrelangem Dienen träumt er davon, ein Paradies zu erschaffen, in dem Reisende die Essenz des Lebens wieder spüren können. Und er will den mittellosen Inselbewohnern ermöglichen, nach Lanai oder Oahu zu kommen. Spricht so ein Egozentriker, der nur an sich denkt?

Ich bewundere sein liebendes Herz und erkläre ihm, dass niemandem gedient ist, wenn er sich vor lauter Aufopferung selbst vergisst. Natürlich werden Menschen, die bisher von seiner Selbstlosigkeit profitiert haben, ihn egoistisch nennen, sobald das eigene Glück höchste Priorität hat.

Neider beschuldigen die Glücklichen, um eine Ausrede für ihre Verbitterung zu haben. Doch es gibt jene, die seinem Beispiel folgen, innehalten und ihr Leben neu überdenken werden. Evolution inspiriert oder irritiert.

Die Urteile, die Menschen über ihn fällen, gehen ihn nichts an. In seiner Hand liegt die Wahl, ob er seinem Herzen folgt oder sich weiter verbiegt, um die Bedürfnisse anderer zu befriedigen. Weil er wissen will, was er tun soll, wenn es seine Frau unglücklich macht, frage ich ihn, wer für ihr Glück verantwortlich ist.

„Ich schätze, das bin ich …“, antwortet er zerknirscht.

„Bist du sicher? Ist das wahr? Du hast dein ganzes Erwachsenenleben dem Versuch gewidmet, sie glücklich zu machen. Hat es funktioniert? Kannst du sie glücklich machen, wenn sie nicht glücklich sein will oder kann?“, feuere ich die nächsten Fragen ab.

„Nein. Nein, du hast recht. Ich kann es nicht, ich habe versagt, ich …“ Der Himmel öffnet seine Schleusen und vergießt Akamus nicht geweinte Tränen. Resigniert vergräbt er sein Gesicht in den Händen. Ich kann das nicht länger mitansehen und interveniere.

„Akamu, versuch, mir zu folgen! Du hast überhaupt nicht versagt, du bist nur sehr verwirrt. Lass mich die Frage andersherum stellen. Wer ist für dein Glück verantwortlich?“

Er blickt so entgeistert, als hätte er einen zweiten Mond am Himmel aufgehen sehen, schockiert über die Einfachheit dieser Frage und darüber, dass er sie sich nie gestellt hat. „Das bin ich“, antwortet er, „ich bin für mein eigenes Glück verantwortlich. Weißt du, so habe ich das noch nie gesehen.“

„Und was ist mit deiner Frau? Wer ist für ihr Glück verantwortlich?“

„Sie … ist es?“, fragt er zögernd.

„Ja, zu hundert Prozent. Wer sollte es sonst sein?“ Ich nicke bekräftigend.

Dann hören wir dem Regen zu, der auf das Wellblechdach trommelt. Ansonsten ist es ungewöhnlich still, alle Tiere scheinen unserem Gespräch zu lauschen. Er will wissen, woher er die Zeit nehmen soll, sich seinem Traum zu widmen. Da bitte ich ihn, seine Hände auszustrecken, und lege einen Stein hinein.

„Ich gebe dir das ‚NEIN‘ mit auf den Weg. Fang an, dich selbst zu beobachten. Alles, was du nur tust, um anderen zu gefallen oder weil du glaubst, für ihr Wohlergehen verantwortlich zu sein, tust du nicht mehr. Du wirst ehrlich zu dir selbst und sagst ‚Nein, danke'. So befreist du dich Schritt für Schritt von unnötigen Verpflichtungen und schaffst Zeit und Raum für die Dinge, die dir wirklich am Herzen liegen."

Akamu nickt ernst. Ich frage ihn, was seine geliebte Insel möchte, ob er nicht hört, wie sehnsüchtig sie nach ihm ruft. Da öffnen sich wieder Schleusen, diesmal seine. Ich umarme ihn und wir stehen so lange im strömenden Regen, bis seine Tränen versiegt sind.

Den Abend verbringen wir in Harmonie, ohne das Thema zu vertiefen. Die große Transformation wirkt ohnehin im Hintergrund weiter. Akamu hat in den letzten 48 Stunden einen Entwicklungsmarathon hingelegt und wird Zeit brauchen, um die Erkenntnisse zu integrieren und sein Leben neu zu ordnen.

Am nächsten Morgen fliegt er nach Oahu, um mit seiner Frau zu sprechen. Als er mich zum Abschied umarmt, sehe ich sein Herz wieder durch seine Augen lächeln. Er geht mit entschlossener Klarheit und neuer Perspektive. Es wird nicht leicht, aber der Damm ist gebrochen, der Fluss lässt sich nicht mehr eindämmen. Er fließt wild und frei.

Akamu lädt mich ein, auf seinem Grundstück zu bleiben, solange ich möchte, und will mir nach seiner Rückkehr alles erzählen. Ich wünsche ihm den Mut, seiner Wahrheit eine Stimme zu geben, und versichere, dass ich im Herzen bei ihm sein werde.

Als er weg ist, widme ich mich meinem Buch und feiere schreibend das Wunder der Transformation und Heilung, das geschehen ist. Des Regens überdrüssig beschließe ich später, an die sonnige Westküste zu fahren.

Im Hotel Moloka'i hole ich mir eine Karte der Insel und bemerke einen Flyer: Lono Harbor. Lono ist ein hawai'ianischer Gott, mit dem ich mich verbunden fühle. Er steht für Fruchtbarkeit,

Ackerbau, Regen, Musik und Frieden und erscheint im Zuge der Regenzeit. Einige Ureinwohner beschreiben Lono als Gott, dessen Kopf in den dunklen Wolken verborgen ist. Ich wusste nicht, dass er einen eigenen Hafen an der Westküste hat. Dann fahre ich los, drehe im Auto die Musik von Xavier Rudd voll auf und sehe die roten Erdhügel am Fenster vorbeifliegen.

Für mich ist Molokai die schlichte Schönheit, geprägt von der Magie der stillen Momente. Ein verstecktes Paradies ohne Einkaufszentren, Werbetafeln und Fastfoodketten. Nur selten trifft man hier auf andere Touristen. Wer Ruhe und Frieden sucht, findet sie auf der ‚Friendly Isle', wie Moloka'i auch genannt wird.

In Maunaloa erkundige ich mich bei einem freundlichen Paar nach Lono Harbor. Als hätten sie sich vorher abgesprochen, schauen sie erst auf mein Auto, dann auf ihre Uhr und schütteln unisono heftig den Kopf.

„Es wird bald dunkel", sagt der Mann. „Da willst du jetzt nicht runterfahren, schon gar nicht mit dem Ding", deutet er mit einer Kopfbewegung in Richtung meines Vans. „Du brauchst Allradantrieb. Die holprige Piste ist in keinem guten Zustand. An manchen Stellen sind große Löcher, an anderen wiederum sind spitze Steine herausgespült worden. Komm besser morgen früh wieder."

Seine Frau schaut besorgt und rät mir dringend ab, heute Abend zum Lono Harbor zu fahren, doch sie gibt mir ein paar Anweisungen, wie ich den Anfang des Feldweges finde. Ich bedanke mich herzlich und nehme mir vor, zu Akamus Camp zurückzufahren und am nächsten Morgen wiederzukommen.

Und das hätte ich tun sollen! Leider werde ich nie erfahren, wie einfach der Abend gelaufen wäre, hätte ich den Rat des Ehepaares befolgt. Mir bleibt nichts anderes übrig, als mit dir zu teilen, was geschehen kann, wenn man zu neugierig und abenteuerlustig ist, um auf Spirit zu hören …

Molokai 2: Begegnung mit der Angst

Lono Harbor reizt mich so, dass ich alle Warnungen in den Wind schlage und trotz später Stunde die gefährliche Schotterstraße hinunterfahre. Die Neugier gewinnt das Duell gegen die Vernunft. Die holprige Straße erfordert gute Fahrkünste, ist aber bei Weitem nicht so schlimm wie erwartet. Die Sonne leuchtet rot am Horizont. Mein Instinkt mahnt mehrmals, mich aus dem Staub zu machen, solange es noch hell ist. Ich spiele: „Nur noch um die nächste Kurve, dann wende ich, nur noch eine ..." Es ist aufregend.

Auf etwa halbem Weg wird es dunkel, der Zustand der Schotterpiste verschlechtert sich erheblich. Es wäre völliger Schwachsinn, ohne Sicht weiterzufahren. Mein Van ist tatsächlich ungeeignet. Ich traue mich auch nicht mehr, zurückzufahren. Also fahre ich im Schritttempo vorsichtig zur nächsten kleinen Ausbuchtung am Straßenrand, stelle das Auto ab und setze den Abstieg zu Fuß fort.

Das Sternbild meines Beschützers Orion zeichnet sich am samtenen Nachthimmel ab. Die Dunkelheit hat eine entspannende Wirkung auf mich, sie erlaubt mir, den Weg mehr zu fühlen, als zu sehen, es ist Wahrnehmen mit dem ganzen Körper. In der Nacht bin ich empfänglicher für die Weisheit des Kosmos, für Kreativität und Inspiration. Deshalb male oder schreibe ich meistens nachts. Mein Nervensystem genießt die Abwesenheit visueller Ablenkungen und das klare, unaufgeregte Feld.

In der tiefen Stille werden andere Sinne aktiviert. Ich bin hellwach. Auf einmal blinkt ein Warnlicht in meinem System. Bruchstücke eines Gesprächs mit Akamu flackern in der Erinnerung auf. Er hat mir von Einheimischen erzählt, die nachts gerne Rehe jagen. Auf beiden Seiten der Straße befinden sich Weiden, die zur Molokai Ranch gehören. Ich bin auf dieser offenen Fläche exponiert.

Was ist, wenn ich mitten durch ein Jagdgebiet wandere und aus Versehen erschossen werde?

Mir läuft ein kalter Schauer über den Rücken. Der Impuls passt so gar nicht in meine meditative Nachtwanderung, dass ich sicher bin, dass es sich nicht um Angst handelt, sondern um eine Botschaft von Spirit. Ich steige den Hang wieder hinauf. Zurück am Auto zögere ich einen Moment. Sollte ich besser im Van übernachten?

Das wäre mit Abstand die sicherste Variante. Doch es widerstrebt mir, weil darin ein Mann gestorben ist. (Warum ich den Van nicht energetisch gereinigt und die Entität des Verstorbenen entlassen habe, ist mir im Nachhinein schleierhaft. Manchmal entwerten wir unsere eigenen Fähigkeiten und tun so, als hätten wir sie nicht.)

Ob jemand was dagegen hat, wenn ich hier am Straßenrand campiere? Die Straße ist öffentlich, doch das angrenzende Land höchstwahrscheinlich Privatbesitz.

Trotzdem entschließe ich mich, mein Zelt aufzuschlagen, aber mir ist nicht wohl bei dieser Aktion. Ich bitte Lono und die Hüter der Insel um Erlaubnis, hier übernachten zu dürfen. Beim Hinlegen bemerke ich die bleierne Müdigkeit und freue mich auf einen erholsamen Schlaf. Doch es kommt anders.

Im Schlummerzustand höre ich das laute Dröhnen eines riesigen Pick-up-Trucks. Grelles Licht erhellt mein Zelt. Aufgeschreckt krieche ich aus dem Schlafsack und öffne den Zeltausgang einen Spalt breit, um einen Blick hinauszuwerfen. Etwa 20 Meter entfernt von mir steht ein schwarzer Dodge Ram 2500 mit eingeschalteten Scheinwerfern auf der Schotterstraße. Aus den offenen Fenstern dröhnt laute Musik.

Bin ich in Schwierigkeiten? Kriege ich Ärger? Mein Herz beginnt zu rasen, und ich beobachte, wie die Angst in mich hineinkriecht und meine Gedanken durcheinanderwirbelt. Sind sie sauer, weil ich hier ohne Erlaubnis campiere? Haben sie mich schon entdeckt? Van und Zelt sind im Scheinwerferlicht nicht zu übersehen. Sind sie auf dem Weg zu mir? Lautes Gelächter klingt durch die Nacht, ich kann nicht genau erkennen, was da vor sich geht.

Ich sollte in meinem Van schlafen. Die Angst sagt: „Nein, du kannst dein Zelt jetzt nicht verlassen. Du willst deine Position nicht verraten. Mit etwas Glück sind sie zu beschäftigt, um dich zu bemerken. Besser, du bleibst."

Also bleibe ich. Es kostet Überwindung, mich wieder hinzulegen. Atemlos behalte ich die surreale Szene im Auge. Es scheint, als würden sie sich für irgendeine Mission ausrüsten. Jemand steht auf der Ladefläche des imposanten Fahrzeugs und reicht Gegenstände hinunter. Dann sehe ich dunkle Gestalten über den Zaun auf das Feld unterhalb der Straße klettern.

Die kurze Verschnaufpause vom Krawall nutze ich, um meine Angst liebevoll in ihre Schranken zu verweisen. Sie ist weder real noch hilfreich. Normalerweise finde ich einen Weg, sie mir anzuschauen, ohne mich von ihr beeindrucken zu lassen. Aber heute Abend gelingt es mir nicht. Ich bin auf Alarmstufe rot.

Was will Lono? Seinem Ruf bin ich gefolgt. Steht er nicht angeblich für Frieden? Friedlich mutet diese Szene nicht an, sondern laut grölend und alkoholisiert. Ich bitte um Schutz. Lono lasse ich aus dem Spiel, vielleicht ist er kein so vertrauenswürdiger Gott. Stattdessen wende ich mich an Spirit, meine Schutzengel und die aufgestiegenen Meister. Obwohl ich weiß, dass sie da sind, spüre ich ihre Anwesenheit nicht.

Nichts scheint in diesem Zustand zu helfen. Die Angst hat mein Feld massiv zusammengezogen und den Wahrnehmungsradius auf den einer Röhre geschrumpft. Eigentlich hätte der Fluchtinstinkt mich längst dazu bewegen sollen, Schutz im Auto zu suchen, aber die Angst lähmt ihn. Ich warte, bis die lärmende Truppe verschwunden ist, dann bemühe ich mich aktiv um Entspannung, erkläre meinem wild hämmernden Herzen, dass es keinen Grund zur Beunruhigung gibt. Es glaubt mir nicht.

Ich selbst neige nicht zu Panikattacken, begleite aber immer wieder Menschen, die damit zu kämpfen haben. Ich durchforste meine Erinnerung nach Übungen, die Klienten in solchen Situationen geholfen haben. Länger ausatmen als einatmen. Fragen, ‚Was wählst du gerade?', auf 10 zählen und erneut fragen. Sich auf das konzentrieren, was die Ohren hören, die Augen sehen, die Nase riecht. Es hilft ein kleines bisschen, doch immer wieder überfallen mich verstörende Bilder. Mein ganzes System ist in Alarmbereitschaft, die Nerven zum Zerreißen gespannt.

Ich verstaue alles, was im Zelt liegt, in meinem Schlafsack, um für einen blitzschnellen Umzug gewappnet zu sein. Und dann passiert es: Ein ohrenbetäubender Knall zerreißt die Stille der Nacht. Ich bin so erstarrt, dass es einen Moment dauert, bis ich das Geräusch einordnen kann. Ein Schuss! Und gleich darauf der Nächste. Es ist so extrem laut, dass die Tiere und ich uns am liebsten in einer Höhle verkriechen würden.

Immer wieder explodieren Schüsse. Es hört nicht auf. Inzwischen ist meine Angst außer Kontrolle geraten, oder besser gesagt: Ich habe keinen Einfluss mehr auf sie. Ich zittere am ganzen Körper. *Angst ist nicht real. Seit wann kaufe ich diese Scheiße ab? Warum gelingt es mir nicht, im Vertrauen zu bleiben? Was zum Teufel ist hier los?*

„Wähle!", ertönt eine Stimme in meinem Inneren. Ich weiß, dass Dankbarkeit und Angst nicht gleichzeitig da sein können. *Kaufe ich den Radau der Angst ab oder erinnere ich mich daran, wer ich wirklich bin?* Ich fokussiere mich auf die Dankbarkeit, die ich in der Gegenwart der Delfine empfinde, öffne mich für die Liebe, denke an meinen Sohn. Liebe ist mächtiger als Angst. Immer. Es gelingt mir, mich ein klein wenig auszudehnen, dann höre ich wieder einen Schuss krachen und gewaltsam bricht die nächste Welle des Schreckens über mich herein.

Die Schwingung von dieser ist so niedrig, dass sie Selbstzweifel und Selbsthass mit anschwemmt. Jetzt, da sich diese beiden ins Getümmel des Augenblicks stürzen, beginnt in meinem Kopf ein hässlicher Kampf. „Wie kann man nur so dumm sein und solch verrückten Scheiß anstellen? Hast du nicht gelernt, dass die Welt gefährlich ist und man niemandem trauen kann? Sieh endlich ein, dass Bewusstseinsarbeit nicht funktioniert. Nach Freiheit zu streben, enttäuscht dich nur. Angst wirst du immer haben, denn sie ist gesund und menschlich. Deine Reise ist nichts anderes als die Fantasie eines kleinen Mädchens. Im wirklichen Leben gibt es keine Helden. Dich rettet jedenfalls keiner …“, hämmern meine Schattenanteile unbarmherzig auf mich ein.

Und so geht es unaufhaltsam und qualvoll weiter. Gift pur. Ich weiß, dass der Krieg, der im Kopf tobt, nicht meiner ist. Mir ist klar, dass kein einziger dieser Gedanken wahr ist. Trotzdem sind sie heute Nacht so mächtig, dass sie mich zu verschlingen drohen. Ich verliere drastisch Energie. Das ist nicht gut. Mein Energielevel ist schon so tief gesunken, dass es mir nicht gelingt, mich wieder auszudehnen.

In rasender Geschwindigkeit schlittere ich unkontrolliert auf ein inneres schwarzes Loch zu. Es ist groß. Ich kann mich an nichts mehr festhalten, weiß allerdings, dass ich mich im Auto einschließen sollte. Es ist zwar nicht kugelsicher, schützt aber definitiv besser als ein Zelt. Doch die Angst, es zu verlassen, ist mächtig. Der Kampf in meinem Kopf tobt weiter, bis eine Kugel nur wenige Zentimeter an mir vorbeisaust. Sie geht quer durch die Zeltplane.

Vollgepumpt mit Adrenalin schreie ich: „Fuck that shit!“, springe auf, schnappe mir Schlafsack und Autoschlüssel und sprinte zum

Auto. Alles flackert hinter meinen geschlossenen Lidern und ich versuche, wieder zu Atem zu kommen.

Dann muss ich über meine Beharrlichkeit fast lachen. Im Auto zu schlafen fühlt sich nicht gut an, ist aber zehnmal besser, als da draußen abgeknallt zu werden.

Noch ist der Albtraum nicht vorbei. Wenig später habe ich mich endlich so weit beruhigt, dass an Schlaf zu denken ist, da zieht ein Unwetter auf. Ich höre tosende Wellen gegen Felsen krachen. Innerhalb kürzester Zeit frischt der Wind auf und heult wie ein Irrer um meinen Van. *Verdammt. Das Zelt!* Ich habe es nicht mit Heringen im Boden fixiert, um es bei Bedarf schnell abbauen zu können.

Zu spät. Es hebt ab und rollt die Weide hinab. *Nein, nein, nein, das darf nicht sein!* Mein Zelt ist alles, was ich auf dieser Reise habe, es Sturm und Jägern zu opfern, keine Option.

Da erwacht jäh der Kampfgeist in mir. Ich bin so wütend auf diese bescheuerte Nacht, dass mich ein ‚Jetzt kommt es auch nicht mehr drauf an' in den Sturm hinaustreibt. Gegen Wind und Wetter ankämpfend klettere ich durch ein Loch im Zaun und jage dem Zelt hinterher, das schon ein gutes Stück den Hang hinuntergerollt ist. Ich schnappe es mir und trage es zurück zum Van, wobei es sich mehrmals aufbläst und mich am Vorankommen hindert.

Der Wind peitscht mir erbarmungslos ins Gesicht, während ich das Zelt mit Mühe und Not den Hang hinauf zerre. In meinem Hinterkopf läuft das Mantra: „Hört auf zu schießen, hört auf zu schießen."

Ich baue es halbwegs ab, um es in den Kofferraum zu stopfen, schlüpfe schnell ins Auto und ziehe die Tür zu. Dieses Mal werden meine Gebete erhört. Der nächste Schuss donnert erst am Van vorbei, als ich mich wieder darin eingeschlossen habe. Mein Gott, was für eine erbärmliche Nacht!

Mein Herzschlag beruhigt sich allmählich, aber ich bin zu angespannt, um Schlaf zu finden, und zu verstört und verärgert, um die Lektion oder das Geschenk in dieser Kreation zu sehen. Ich weiß, dass alles im Leben für und nicht gegen mich geschieht.

Den tieferen Sinn (wenn es denn einen gibt), kann ich mir nach Sonnenaufgang genauer ansehen. Im Augenblick bin ich zu aufgewühlt, um Antworten zu suchen, und verzichte darauf, irgendetwas verstehen zu wollen. Die Nacht dauert ewig, der Sturm wütet weiter. Endlich ist es hell genug, um an den Strand zu fahren.

Lono Harbor besteht aus einer kleinen Bucht, die durch zwei künstlich aufgeschüttete Land-Arme geschützt und durch einen schmalen Kanal erreichbar ist. Der Bootskanal ist so eng, dass die Navigation bei heftigem Seegang herausfordernd ist. Die Westseite des Hafens ist durch Lavafelsen begrenzt, die in den Ozean hineingebaut wurden. Ich klettere so weit hinaus, wie ich mich bei den hohen Wellen traue, und setze mich auf die sonnenbeschienenen Steine.

Die Wärme hat etwas Versöhnliches, trotzdem kann ich noch nichts wirklich genießen. Die Stimmung ist im Keller, mein Körper fühlt sich an, als hätte ein Elefant auf ihm herumgetrampelt. Hilft es, wenn ich mit der Angst rede?

Ich nehme mein Notizbuch heraus und beginne einen Dialog mit ihr. „Angst, du bist unausstehlich! Obwohl ich weiß, dass meine Helfer bei mir waren, hast du mir den Zugang zu ihnen verwehrt und mir vorgegaukelt, ganz allein zu sein. Du verkaufst Ohnmacht als etwas so Reales, dass ich dir abgekauft habe, schwach und hilflos zu sein. Wie kannst du dich nachts so aufblasen, dass alles so bedrohlich wirkt?"

Angst: „Ich spiele mit deinem Unterbewusstsein. Es ist leicht, mit Horrorbildern herumzupfuschen und sie in deiner Vorstellung zu aktivieren. Ich übertreibe auch gerne großzügig und spiele mit

‚Was wäre wenn'-Fragen. Mein Gott, und die gestrige Inszenierung war eine Glanzleistung, das musst du doch zugeben, oder?

Diese Idioten parken ihren Truck an der perfekten Stelle, jagen dir mit ihren Scheinwerfern einen Schrecken ein und ballern dann auch noch in unmittelbarer Nähe deines Zeltes herum. Diese Präzision … einfach geil."

„Ich wusste gar nicht, dass du schadenfreudig auch noch bist."

„Einen Moment lang dachtest du, es ginge nur um dich, stimmt's? Dachtest, sie wären hinter dir her. Es ist leicht, euch Menschen zu kontrollieren, weil ihr alles auf euch bezieht und persönlich nehmt. Ein paar Locals gehen ihrem Hobby nach und jagen Rehe. Aber du nimmst automatisch an, dass sie ein Problem mit dir haben. Weil du weiß bist, nicht hierher gehörst oder etwas Verbotenes tust?

Waren nicht sie es, die illegalen Machenschaften nachgingen? Wahrscheinlich fürchteten sie dich mehr als du sie. Du hättest die Polizei rufen und ihnen mächtig Ärger machen können."

„Ja, aber sie waren bewaffnet und sturzbetrunken", wende ich ein.

„Ja, und? Was willst du damit sagen? Dass sie sich einen Spaß daraus hätten machen können, dich zu jagen? Ein paar Rowdys, die im Ausgang mit den Kollegen von harmlosen Jägern zu Mördern werden?"

„Es hätte auch versehentlich passieren können", gebe ich zu bedenken.

„Oh, oder ich habe eine noch spektakulärere Variante", ereifert sich die Angst. „Wie wäre es mit einer Vergewaltigung? So nach dem Motto ‚Hey, jagt ihr nur weiter, ich kümmere mich um das, was in dem Zelt da drüben ist.'" Sie gluckst vor Vergnügen, findet Spaß daran, mich zu quälen. „Es ist leicht, euch Angst einzujagen, ihr geht immer gleich vom Schlimmsten aus. Alles, was ich tun muss, ist, euch zuzustimmen und eurer wilden Fantasie ein wenig Dramatik beizusteuern."

„Ich will dich nie wiedersehen. Vorübergehend ist es mir gelungen, dich als das zu sehen, was du in Wirklichkeit bist: eine Illusion."

„Ja, bis der Schuss direkt neben deinem Kopf explodierte", unterbricht sie mich süffisant.

„Ja, das war's dann! Da habe ich den Kampf aufgegeben und dich gewinnen lassen. Nie wieder!"

„Willst du damit andeuten, dass du mich bewusst hast gewinnen lassen? Träum weiter, so funktioniert das nicht. Ich habe das Sagen, das ist dir doch klar, oder?"

Jetzt muss ich laut lachen. „Lächerlich. Du hast letzte Nacht eine Schlacht gewonnen. Aber ich gebe niemals auf. Irgendwann grinse ich dir entspannt ins Gesicht, ohne mit der Wimper zu zucken. Ich bin ein unbegrenztes Wesen. Was kann mir schon passieren? Klar, ich kann meinen Körper verlieren, was mich letzte Nacht angepisst hätte, denn ich mag mein Menschenkostüm sehr. Aber die Einzige, die sterben muss, bist du. Du bist nicht real. Du existierst einzig und allein in meiner Vorstellung."

„Mir gefällt die Wendung dieses Gesprächs nicht", sagt die Angst jetzt beunruhigt. „Du weißt viel zu viel über mich. Ich habe den Versetzungsantrag längst gestellt. Aber mein Chef weigert sich, mich zu einem anderen Opfer zu schicken. Die meisten Leute merken gar nicht, dass ich da bin. Sie lenken sich ab, flüchten oder betäuben sich. Sie schenken mir keine Beachtung und ich kann im Hintergrund ungehindert meine Show abziehen. Du hingegen forderst mich heraus und starrst mir ins Gesicht. Das gefällt mir nicht."

„Und warum suchst du dir dann nicht einen sinnvolleren Job?" Langsam bekomme ich Oberhand.

„Du bist diejenige mit dem freien Willen. Über einen solchen verfüge ich nicht. Meine Aufgabe ist es, dich einzuschüchtern und dir deine Energie zu rauben", verteidigt sie sich.

„Schau, du hast Angst, deinen Job zu verlieren, das ist in der Tat sehr interessant. Und wahrhaftig, du bist ihn bald los!"

„Ist das eine Drohung?" Nun ist sie kleinlaut.

„Nee, bloß eine Zukunftsprognose. Aber sag mal, was sind die Folgen, wenn du ein Opfer verlierst?", hake ich nach.

„Ich bin nicht befugt, dir das zu sagen. Ich habe dir schon viel zu viel verraten. Aber was auch immer du vorhast, bitte meistere mich nicht, die Folgen wären fatal." Ihre Stimme wird schwächer.

„Ja, für dich", antworte ich inzwischen amüsiert. „Du machst dir vor Angst gerade in die Hose, stimmt's? Ich hab gute Nachrichten für dich: Du kannst gar nicht sterben, weil es dich nie gegeben hat. Du hast nie existiert. Und ich dachte, du hättest hier alles unter Kontrolle. Dass ich nicht lache."

Ich setze den Stift ab und atme tief durch. Exakt in dem Moment kommt die Sonne aus ihrem Wolkenversteck. Neben mir putzt sich eine Möwe die Flügel.

„Bist du auch froh, dass endlich Ruhe einkehrt?", frage ich sie und schaue ihr dabei zu, wie sie ihr Gefieder ordnet. Ich fühle mich besser, bin aber nach wie vor total erschöpft und antriebslos, also beschäftige ich mich mit Tagträumen.

Ich stelle mir vor, wie die Segler, deren Boot in der Bucht vor Anker liegt, sich mit ihrer kleinen gelben Nussschale durch die hohen Wellen gekämpft und diesen gewaltigen Sturm überstanden haben. Bald werden sie mich ansprechen und einladen, mit ihnen über das Wasser zu segeln.

Es war immer schon mein Traum, segelnd den Ozean zu überqueren. Tagträumen hätte ich in meinem Zustand besser sein gelassen. Ich stehe so neben mir, dass nichts Sinnvolles aus dem entstehen kann, was ich aussende. Das Sprichwort „Sei vorsichtig, worum du bittest, denn es könnte wahr werden" sollte man sich auf Hawai'i besonders zu Herzen nehmen. Hier manifestiert sich alles zehnmal schneller.

Meine Energiereserve wieder aufzufüllen, hätte oberste Priorität haben sollen. Schütteln, atmen, tanzen oder Qi-Gong machen. Stattdessen verharre ich im Trotzmodus, rede mir ein, dass ich nicht die Kraft habe, mir etwas Gutes zu tun.

Eine junge Frau kommt über die Lavafelsen auf mich zu. „Hallo, wie geht es dir?", spreche ich sie an.

Mit vorwurfsvollem Blick fragt sie in schroffem Ton: „Interessiert dich die Antwort wirklich oder bist du nur auf Smalltalk aus?"

Wow, ich liebe ihre Direktheit, so entwaffnend ehrlich.

Ich lade sie ein, sich zu setzen. Sie zögert, wirkt überrascht von meinem echten Interesse. Dann bricht es aus ihr heraus: „Ich fühl mich beschissen." Ihre Worte sind aufrichtig, ihr Blick suchend. Sie heißt Tina und erzählt, wie sie mit ihrem Ex-Freund Chris in der Nacht zuvor durch den Kaiwi-Kanal gesegelt ist – bei Sturm, in Todesangst.

Wir reden lange. Irgendetwas verbindet uns. Ich biete ihr an, sie in die Stadt zu fahren, damit sie sich mit Proviant eindecken kann. Auf dem Weg erzählt sie mir, dass sie und Chris früher ein Paar waren. Der Törn sei spontan gewesen – eine Flucht aus dem Alltag.

„Einer meiner größten Träume ist es, über den Ozean zu segeln", gestehe ich. „Meinst du, ich könnte euch ein Stück begleiten?"

Tina schaut überrascht, fast erleichtert. „Oh, das wäre genial. Dann würde sich Chris vielleicht zusammenreißen."

„Ist er so schlimm?"

„Er kann ein Vollidiot sein", sagt sie nüchtern.

Hätte ich geahnt, wie stark sie damit untertrieb, hätte ich mir meine Frage gespart.

Während ich vor dem Laden auf Tina warte, eröffnet sich mir eine tiefere Erkenntnisebene meiner Angsterfahrung. Per WhatsApp-Nachrichten erfahre ich von einem Ex, dass seine Partnerin sich wegen mir am Vortag so heftig mit ihm gestritten hat, dass die Fetzen geflogen sind. Kein Wunder, dass ich als hochsensibles Wesen diese Energien abbekommen habe.

Hätte ich in der Nacht die Geistesgegenwart gehabt, Fragen zu stellen, hätte ich gefragt: „Ist es ein Gewahrsein?“ Das hätte mir erlaubt, wahrzunehmen, was im Feld vor sich geht. Mir wäre klar geworden, dass die heftigen Kräfte, die ich wahrnahm, nicht mir gehörten. So hätte ich die Energien zuordnen und sie mit Bewusstsein angehängt zurückschicken können.

Da ich diese Frage nicht gestellt habe, ging ich der Überzeugung auf den Leim, dass Gefühle und Ängste ‚in‘ mir sind. Dadurch habe ich mich mit ihnen identifiziert, sie verdichtet und zu ‚meinem Problem‘ gemacht. Ohne die Frage: ‚Ist es ein Gewahrsein?‘ gehe ich automatisch davon aus, dass alles, was sich in mir bewegt, mir gehört, aus mir entspringt.

Nichts könnte der Wahrheit ferner sein. Energie macht nicht halt vor einem physischen Körper, sie geht durch alles hindurch, da er hauptsächlich aus Raum und aus verdichteter Energie besteht. Frage ich, ob es Gewahrsein ist, löse ich mich aus der Identifikation mit dem Wahrgenommenen und höre auf, ‚ich‘ dazu zu sagen. Somit fällt es mir leicht, es als erhaltene Information zu behandeln. Dabei muss ich weder etwas ‚tun‘, noch mich intensiv damit auseinandersetzen. Ich nehme bloß wahr, was ist, und kann frei wählen, wie ich mit der Situation umgehen will.

Spirit hat vielfältige Wege, mich in Vertrauen zu unterweisen. In diesem Beispiel nutzte er die Energie des Streites von Personen aus meiner Vergangenheit, damit ich die Angst besser kennenlernte und einen tieferen Einblick in ihre Funktionsweise erhielt. Meine Neugierde sorgte dafür, dass ich mich auf unbekanntes Terrain begab, und die Bereitschaft zur Vergebung half mir, mir selbst und allen Involvierten zu verzeihen, um die emotionale Ladung zu löschen.

Ozean: Aufs falsche Boot steigen

Spirit hat mich gefragt: „Auf welche Stimmen hörst du?" In diesem Beispiel habe ich auf die Falschen gehört. Es waren die des Größenwahns und sie behaupten: „Ich weiß es besser als das Leben, ich brauche seine Führung nicht, denn ich habe immer recht." Eine hilfreiche Frage wäre gewesen: „Gibt mir die bevorstehende Erfahrung Energie oder nimmt sie mir Energie?"

Größenwahn ist perfider als Angst. Die Überheblichkeit des Besserwissens ist ein starker Antrieb. Wenn die Sehnsucht nach einem Vergnügen so unbändig ist, dass ich sie wichtiger mache als mein Wachstum, darf ich achtsam prüfen, woher diese Triebkraft kommt.

Der Ausflug in den Supermarkt hat uns beide aufgeladen, Tina mit Leichtigkeit, mich mit Klarheit und einem tieferen Verständnis für mich.

Am nächsten Tag laden mich Tina und Chris zu einem späten Mittagessen auf ihr Segelboot ein. Dann verkündet er, dass ich mit ihnen segeln gehen kann. Er warnt zwar, dass es zu klein und zu eng ist für drei Leute, aber ich darf gerne mitfahren, weil ich mich mit Booten auskenne und sie etwas Hilfe an Bord gebrauchen können.

Ich vergewissere mich, dass er keine Scherze macht. Als klar wird, dass er es ernst meint, platze ich fast vor Freude. Yessss! Ein Lebenstraum geht in Erfüllung. Ich wollte immer schon mal mit einem Segelboot über den Ozean fahren. Mein Körper kann die Aufregung gar nicht fassen, und so lasse ich mich mit einem lauten „Oh, my God!!!" nach hinten ins Wasser fallen und zeige meine Emotionen spritzend, jubelnd, blubbernd und wirbelnd. Die Freude ist ansteckend, die beiden springen auch rein und wir feiern die größte Unterwasserparty aller Zeiten. Zurück auf dem Boot fühle ich mich so leicht, als könnte ich fliegen. Und das muss ich können, wenn ich das Unmögliche möglich machen will, denn Chris möchte noch diese Nacht nach Lanai weitersegeln.

Mein Ideengenerator läuft auf Hochtouren. Es ist schon später Nachmittag. Ich muss meinen Mietwagen zurückgeben. Aber wie komme ich danach wieder hierher?

Doch es klappt alles wie am Schnürchen: Ich paddle das Gepäck aufs Boot, verabschiede mich per Sprachnachricht von Akamu und stelle das Auto auf einem mit Michael vereinbarten Platz am Flughafen ab. Dann renne ich zum Highway, um im letzten Tageslicht eine Mitfahrgelegenheit zu ergattern. Die Straße ist leer. Ein einziger weißer Pick-up fährt vorbei, hält jedoch nicht an.

Werde ich es vor drei Uhr morgens zurück zum Boot schaffen? Ich bin gewillt, 25 Kilometer am Straßenrand entlang und den ganzen Weg nach Lono Harbor hinunterzuwandern, um meinen Traum Realität werden zu lassen. *Crazy!* Doch dann geschieht das Unfassbare: Der freundliche Einheimische im weißen Pick-up wendet, holt mich ab und sagt: „No one else gonna come this way before dark, sista, thought I'd betta come get ya."*

Ich bin total aus dem Häuschen und fasse mein Glück kaum. Ein zweites Mal wandere ich im Mondlicht die Schotterpiste zum Hafen hinunter, doch diesmal bin ich nicht zu bremsen. Ich fühle mich unbesiegbar. Faszinierend, wie man dieselbe Situation zweimal erleben kann (Straße, Dunkelheit und Jagdrevier), mit komplett anderen Empfindungen. Es sind nie die Umstände an sich, die Gefühle in uns erzeugen, sondern die Geschichte, die wir uns über sie erzählen. Das ganze Universum hat sich neu angeordnet, um mir diese Bitte zu erfüllen. Es sagt: „Dein Wunsch sei mir Befehl."

Vor lauter Aufregung vergesse ich, innezuhalten und auf Spirit zu hören. Ich hätte fragen können, was es kreiert, wenn ich mit den beiden Segeln gehe. Dann wäre mir aufgegangen, dass ich schon weiß, dass das keine gute Idee ist.

Ich bin geflasht und deute den reibungslosen Ablauf als Zeichen dafür, dass dieses Geschenk für mich bestimmt ist. Etwas anderes will ich gar nicht hören, mein Entschluss steht fest, den Segeltörn auf jeden Fall zu erleben. Wäre ich auf dem Weg zum Hafen einem Dinosaurier in die Arme gelaufen, hätte ich zu ihm gesagt: „Du bist süß, aber ich muss jetzt segeln gehen."

Zweimal innerhalb von nur 24 Stunden versage ich kläglich darin, mich führen zu lassen. Das erste Mal aus Neugier und Ungeduld, das zweite Mal aus Übermut und Größenwahn.

In beiden Fällen zahle ich einen hohen Preis und lerne gleichzeitig unschätzbare Lektionen fürs Leben. Stehe ich am Steuer meines Lebensbootes, ohne darauf zu achten, welche Anteile der inneren Crew die Führung übernommen haben, wird der Ausflug an einen Ort gehen, der mir nicht gefallen wird. Oder anders ausgedrückt: Ich steige ins falsche Boot.

Sicher hast du schon erlebt, dass du bekommst, was du dir von Herzen wünschst. Doch wenn dieses Wollen nicht deinem wahren Wesen entspringt, sondern einem Schattenanteil, der dich auf Trab halten will, kann es sein, dass du das, was du glaubst, so dringend zu brauchen, schnell bereust.

Zu spät merkst du, dass du nicht das bekommen hast, was du dir erhofftest. Und dann musst du mit dem Preis leben, der sich eher wie eine Strafe anfühlt als wie ein Vergnügen.

Am nächsten Morgen wache ich voller Tatendrang auf und kann es kaum erwarten, mit der kleinen gelben ‚Shark 24' in See zu stechen.

Die 24-Fuß-Segeljacht hat den Ruf, selbst den härtesten Bedingungen zu trotzen. Tina und ich zurren das Schlauchboot fest, als wir Chris am Bug lauthals fluchen hören.

Das kann ja heiter werden, wenn er jetzt schon so ausrastet. Wir tauschen einen kurzen Blick aus und wappnen uns für das, was kommt. Wir haben den Anker verloren! Chris befiehlt Tina, die Augen auf dem Boot zu sein, und wirft mir Taucherbrille und Flossen zu. Ausgerüstet folge ich ihm ins kalte Nass. Das Wasser in der Hafenbucht ist nur etwa fünf bis sieben Meter tief, doch bald stellt sich heraus, dass nicht das, sondern die schlechte Sicht die eigentliche Herausforderung ist.

Der vom Sturm aufgewirbelte Sand trübt das Wasser.

„Fuck! Ich kann überhaupt nichts sehen!“, beschwert sich Chris.

Mir geht es genauso. Mithilfe von Suchmustern suchen wir die Bucht systematisch nach dem Anker ab und finden ihn weiter vom Boot entfernt als angenommen. Das ausgefranste Ende des Seils deutet darauf hin, dass es von Korallen zerschnitten wurde, die dabei in Mitleidenschaft gezogen wurden. Und ich ärgere mich, am Vortag nicht nach dem Anker gesehen zu haben. Gemeinsam schaffen wir es, das schwere Teil aus dem Wasser zu ziehen und sicher im Ankerkasten zu verstauen.

Während einer kurzen Verschnaufpause erklärt Chris, dass wir bei gutem Wind für die Überfahrt nach Lanai mindestens zwölf Stunden brauchen. Dabei sei es wichtig, Manele Hafen bei Tageslicht zu erreichen, da die Strecke der Küste Lanais entlang tückisch sein kann.

Wir rechnen heute mit wenig Wind, die Bergungsaktion hat uns im Zeitplan stark zurückgeworfen. Auf meine Frage, ob es nicht vernünftiger wäre, den Aufbruch um einen Tag zu verschieben, reagiert der Skipper gereizt. Ich solle mich gefälligst nicht in seine Pläne einmischen. Ich lerne, dass konstruktives Mitdenken auf diesem Boot unerwünscht ist.

Wenig später sind die Segel gesetzt, der Motor abgeschaltet und die kleine Nussschale nimmt vom Wind angetrieben Fahrt auf. Das Meer ist an diesem Morgen trügerisch ruhig. Die Sonne geht an einem wolkenlosen blauen Himmel auf. Ich kann noch nicht glauben, dass ich das erleben darf. Beim Verlassen der Bucht sehen wir eine Mönchsrobbe, kurz darauf einen Mantarochen vorbeischwimmen.

Ich bitte den Skipper, mir das Segel-Einmaleins in Erinnerung zu rufen, damit ich ihm gegebenenfalls zur Hand gehen kann. Doch er gibt mir zu verstehen, dass er an Hilfe nicht interessiert ist. Also lege ich mich zu Tina in die Sonne und lasse meinen müden Körper von Wind und Wärme liebkosen.

Ich erkundige mich nach ihrem Befinden und erfahre, wie froh sie ist, dass ich dabei bin. Bis zu dem Zeitpunkt war ihre Zeit auf dem Boot mit Chris von Spannungen erfüllt. Sie erzählt, wie er sie in der Horrornacht dauernd angeschrien und ihr für alles die Schuld gegeben hat. Ihr zufolge wird er aggressiv und gemein, wenn er trinkt, was häufig der Fall ist.

Ich staune, wie locker sie über Dinge spricht, die in meinen Augen überhaupt nicht in Ordnung sind. Als wenn man daran nichts ändern könnte oder sie bereit wäre, für segeln und mehr diesen Preis zu zahlen. Normalerweise teile ich meine Medizin nur mit Menschen, die mich explizit darum bitten. Diesmal erscheint es mir sinnvoll, ein paar Informationen ins Feld zu geben, bevor Tina zu tief in eine Missbrauchsgeschichte hineinrutscht. Es wird ja nicht umsonst sein, dass ich auf diesem Boot gelandet bin.

Ich erzähle ihr von Menschen, die ihre Macht missbrauchen, um andere zu kontrollieren und an sich zu binden. Will man mit ihnen darüber reden, geben sie sich unwissend und drehen einem die Worte so im Mund um, dass man anfängt, an sich zu zweifeln. Tina versucht mich davon zu überzeugen, dass Chris kein solcher Mensch ist.

Verleugnung ist ein großer Teil von toxischen Bindungen. Man nimmt das Gegenüber in Schutz, verteidigt sein Verhalten, aber in Wirklichkeit rechtfertigt man nur vor sich selbst, warum man bleibt. Tief im Inneren bewusst, sich zu belügen, schämt man sich immer mehr für die eigene Schwäche. Ein Teufelskreis, der nicht leicht zu durchbrechen ist. Wir reden nicht weiter darüber. Sie weiß jetzt, dass sie auf mich zukommen kann, wenn sie hinschauen möchte.

Ich schließe die Augen und genieße die unbeschwerten Stunden auf dem Meer, unendlich verbunden mit der Weite des Ozeans. Ich assoziiere Segeln mit Freiheit. Viele Menschen träumen von einem freien Leben auf hoher See. Mich wundert, dass die meisten Segler, die ich bisher getroffen habe, alles andere als frei waren. Woran das liegt? Versuchen sie, mit dem Segelboot ihren Problemen zu entfliehen?

Das funktioniert nicht, da das Maß an Freiheit, das ein Mensch zu leben bereit ist, nichts mit äußeren Umständen zu tun hat. Es gibt unzählige Geschichten von Frauen (und sicher auch Männern), für die der Traum vom Segelabenteuer zum Albtraum wurde. Im Nachhinein berichten sie, wie sie auf hoher See gefangen durch die Hölle gegangen sind. Die Gefahren, die mit dem Segeln verbunden sind, werden meist weniger bedrohlich empfunden als das Risiko, Missbrauch und Gewalt ausgesetzt zu sein.

„Verdammte Scheiße!“, höre ich Chris am Heck fluchen. Warum ist er andauernd so in Rage? „Nimm sofort das Großsegel runter! Mit dem Motor stimmt etwas nicht, ich muss ihn reparieren“, schreit er mich an.

So viel zu ‚ich brauche deine Hilfe nicht‘. Ein paar Anweisungen wären nett gewesen. Ich versuche, herauszufinden, welche Leinen ich ziehen und welche ich loslassen soll, da eilt Tina zu mir und hilft.

„Seid ihr nicht ganz dicht?“, brüllt Chris uns an. „Ihr müsst zuerst den Bug in den Wind manövrieren, sonst kommt das Segel nicht runter.“ Ich stell mich hinters Steuer und schalte den Autopiloten aus. Tina zieht das Fall mit der Winsch an und öffnet dann den Hebel. Beim Einholen kämpfen wir damit, das Großsegel zu bändigen. Das Runterziehen ist machbar, das Sichern danach nicht leicht. Chris springt ins Wasser, um sich den Motor anzuschauen.

Bisher sind wir mit dem wenigen Wind nicht weit gekommen. Erst jetzt wird mir die Tragweite eines kaputten Motors bewusst – ohne ihn nach Lanai zu segeln, wäre ein Desaster.

In diesem Moment springt ein Buckelwal unmittelbar neben dem Segelboot aus dem Wasser und wir beobachten fasziniert, wie anmutig er ein paar Mal unser Boot umrundet, bevor er abtaucht. Wie aufregend!

Ich nehme mehrere Anläufe, um Chris meine Hilfe anzubieten, doch er verharrt in seiner „davon-verstehst-du-nichts-Haltung“ und wird zunehmend ungenießbarer. Also gehe ich schwimmen. Nach der wohltuenden Abkühlung lege ich mich in die Sonne und fühle mich wie neugeboren. Ich schaue mir energetisch den absurden Gegensatz an, der sich hier an Bord abspielt. Der Kontrast zwischen purer Freiheit und totaler Missachtung des Freiraums anderer.

Für mich ist der Ozean der Inbegriff von Freiheit. Diese Weite … sie lässt die Augen schweifen, den Blick ruhen, die Gedanken treiben … Nichts mehr festhalten … nichts mehr wollen … sich ausdehnen in diesen unendlichen Raum zwischen Himmel und Erde, am Horizont verschmelzend … sich wiegen und schaukeln lassen … total ausgesetzt und doch getragen …

Ich fühle mich winzig klein, ein einsames Schiffchen, das auf den gewaltigen Wassermassen des Ozeans treibt, an nichts gebunden, frei von jeglicher Anhaftung. Der Boden unter meinen Füßen fährt genauso mit wie das Stück Himmel, das ich betrachte, während ich auf dem Rücken liege.

Das kleine Schiffchen begibt sich in Dimensionen, denen es nicht gewachsen ist. Es beugt sich mit geborgtem Vertrauen den kosmischen Gesetzen. Dennoch segelt es kühn ins undefinierbare Blau, nutzt geschickt seine Form und Biegsamkeit, um mit der Kraft des Windes über die Wellen zu gleiten, der Richtung des Kompasses folgend, mal auf direktem Weg, meist auf Zickzack-Umwegen. Mal langsam oder schnell, so wie es ihm der Luftstrom zuflüstert. Die Weite ist auch Leere. Es leert mich von innen, als würde unnötiger Ballast über Bord geworfen, weil es keine Bezugspunkte mehr gibt. Ich fühle mich wie ein immenses Gefäß, das alles enthalten kann. Ich kann alles sein, alles tun. Unbegrenztes, freies, verbundenes Sein ... Schweben ... Fliegen ...

Doch geht auf diesem Boot etwas vor sich, das mit Freiheit nicht im Geringsten zu tun hat. Spannend, diese beiden Welten gleichzeitig zu erleben, als gäbe es die kleine enge Realität innerhalb der unendlichen Weite. Auf einer weiteren Ebene gibt es Menschen, die sich das Recht herausnehmen, anderen das Leben zur Hölle zu machen. Wenn diese es zulassen.

Die Versuche, zu dominieren und zu kontrollieren, entspringen der fehlenden Anbindung an das große Ganze. Im verzweifelten Kampf ums Überleben muss ein Mensch, der in dieser Enge gefangen ist, den Freiraum anderer bezwingen und sich ihrer Freiheit bemächtigen.

Chris ist ein Beispiel dafür. Ich habe es versäumt, ihn genauer unter die Lupe zu nehmen, bevor ich zugesagt habe, Passagierin auf seinem Segelboot zu sein. Obwohl ich dies bereue und mir jetzt schon klar ist, dass ich das Boot in Lanai wieder verlassen werde, birgt diese Begegnung doch ein Geschenk für mich.

In seiner Gegenwart kann ich erleben, wie es sich anfühlt, wenn sich das Herz verschließt. Der Kontrast, sich aus der unbeschwerten Weite des Seins in einen Raum voller Urteile, Anschuldigungen und Schikanen zu verdichten, tut fast physisch weh.

Dabei ist er nur ein Stellvertreter für einen Schattenanteil in meinem Inneren. Es ist unmöglich, aus der Weite des Seins in den modrigen, engen Kerker der Trennung katapultiert zu werden, außer man lässt es zu. Wäre ich komplett frei, hätte Chris' Verhalten keinerlei Wirkung auf mich.

Solange es einem anderen Menschen gelingt, mich aus meinem Sein zu verbannen, liegt das daran, dass ich dasselbe mit mir selber anstelle. Dann gibt es einen Ort in mir, wo ich mich selbst missbrauche, aufgebe und verlasse, gegen meine Wahrheit handle und den Programmierungen von gestern erlaube, die Potenziale von morgen zu überfallen. Dort, wo ich Kraft an Energien verschenke, die verhindern wollen, dass ich aus meiner wahren Natur heraus lebe. Es ist, als würde ich den Raum des Seins aufgeben und mich opfern, um nach den Gesetzen der Fremdbestimmung existieren zu können.

Ein kleiner Vogel landet plötzlich neben mir und sucht zitternd Schutz unter meinem Bein. *Wo kommst du her, Kleiner? Wie weit bist du geflogen? Ruhe dich aus.* Alsbald schläft er unter meinen schützenden Händen ein. Chris kommt zurück aufs Boot und kippt ein Bier in sich hinein. Ich habe nicht mitgezählt, aber gemessen an den leeren Dosen im Eimer muss sein Alkoholpegel schon hoch sein.

Er verkündet, dass wir weiterfahren und als ich wissen will, ob der Motor repariert ist, tut er so, als ginge mich das nichts an. Er lässt uns im Dunkeln tappen, verschweigt Fakten, die uns alle betreffen. Ich spüre deutlich, was er nicht sagt: dass unsere Lage nicht rosig ist. Er hisst das Großsegel, während wir die Fock setzen.

Das Segel soll einen Bauch haben, ohne durchzuhängen. Wir wollen dem leichten Wind die größtmögliche Chance geben, uns voranzutreiben und keine Turbulenzen zu erzeugen, die den Vortrieb verringern.

Der Vorwärtsschub liefert mehr Energie an die Segel als die reine Windgeschwindigkeit. Bei weniger als acht Knoten ist es eine Herausforderung, den Schwung aufrechtzuerhalten.

Chris trinkt weiter und spielt auf seinem Handy. Zwischendurch überprüfe ich unauffällig, ob der Autopilot auf Kurs ist. Später lässt uns der Wind im Stich und der Motor kommt zum Einsatz. Er funktioniert wieder. Das ist gut zu wissen.

Die Sonne neigt sich dem Horizont zu, als wir uns der Nordwestküste von Lanai nähern. Ich bin erleichtert, dass wir bald ankommen werden, denn so sehr ich das Segeln genieße, so unerträglich ist Chris' Verhalten. Tina und ich können es ihm nicht recht machen. Wollen wir helfen, stört ihn das. Halten wir uns zurück, sind wir faul und unbrauchbar, weil er alles allein tun muss.

Mein Maß an ungenießbarer Gesellschaft ist längst voll. Ich gehe davon aus, dass das Gröbste überstanden ist und nicht mehr viel passieren kann. Ich ahne nicht, dass ich unsere Reise zu früh als glücklich beendet betrachte. Bis zum Hafen von Manele sind es noch gut 16 Seemeilen.

Je näher wir der Küste kommen, desto stärker und unberechenbarer wird der Wind. Bevor wir die zweite Etappe in Richtung Süden in Angriff nehmen, will Chris unbedingt ein paar Fische fangen gehen. Um unsere Sicherheit besorgt, versuche ich ihn zu überzeugen, die letzten Sonnenstrahlen zu nutzen, um Manele so nah wie möglich zu kommen, aber er lässt sich von seinem Vorhaben nicht abbringen.

Tina und ich probieren, den Sonnenuntergang zu genießen, doch der Ozean spielt Schaukelpferd mit dem Boot und macht uns mit jeder Welle seekranker. So lange das Tageslicht reicht, machen wir alles sturmsicher und legen Stirnlampen und Schwimmwesten für später bereit.

Mittlerweile fühlen wir uns beide hundeelend. Ich versuche, unter Deck eine Wasserflasche zu füllen, fliege dabei einmal quer durch den Innenraum des Schiffes und krache mit einem dumpfen Knall gegen die WC-Tür. Bevor die nächste Welle kommt, rapple ich mich auf und halte mich diesmal besser fest.

„Na, ihr Weicheier, schon am Kotzen?", ertönt Chris' schadenfrohe Stimme.

Tina zuckt zusammen und wirft mir einen flehenden ‚mache es nicht noch unnötig schlimmer'-Blick zu. Also halte ich den Mund. Er ist offensichtlich nicht empfänglich für offene Kommunikation. Wir versuchen angestrengt, die Situation vor dem Eskalieren zu bewahren. Tina schleicht auf leisen Sohlen um ihn herum, um unverhältnismäßig heftige Reaktionen zu vermeiden.

Ich lege Schwimmweste und Sicherheitsleine an, da ich keine Lust habe, über Bord gespült zu werden. Tina folgt meinem Beispiel. Das Meer schäumt heftig und klatscht Wellen von steuerbord aufs Deck.

Was dann genau passiert, kriege ich nicht mit, weil ich damit beschäftigt bin, das Innere des Bootes wasserdicht zu machen. Als ich höre, wie Chris Tina anbrüllt, und durch die Bootsluke sehe, wie sie mit dem Segel kämpft, das sich verhakt hat, eile ich ihr zu Hilfe. Da reißt es mit lautem Ratsch. Kurz gefolgt von einer Schimpftirade des Captains. In voller Lautstärke!

Das Boot ist nicht mehr steuerbar und nähert sich rasant den Klippen. *Bitte nicht an den Felsen zerschellen!* Wir tun unser Bestes, das Segel einzuholen.

„Geht das nicht schneller, ihr Versager?", brüllt der Skipper.

Mir platzt gleich der Kragen. Ich schreie zurück, er solle den Motor einschalten. Seine Antwort ist wie ein Fausthieb in die Magengrube: „Wir haben keinen Treibstoff mehr."

Das darf nicht wahr sein! War das das Problem mit dem ‚kaputten Motor'? Die Leichtsinnigkeit, mit der ich mein Leben in die Hände dieses gestörten Mannes gelegt habe, erschüttert mich. Doch darüber nachzusinnen, bringt jetzt nichts.

Normalerweise mag ich Extremsituationen, sie machen mich lebendig. Ich habe schon bei vielen Notfällen Erste Hilfe geleistet und Taifun, Erdbeben, Tsunami und Vulkanausbruch überstanden. Meist komme ich da in meine volle Kraft, wo andere Angst haben.

Doch in der Gegenwart des Skippers, der uns ständig anschreit und demütigt, gelingt es mir nicht, in meiner Kraft zu bleiben. Ich bräuchte Handlungsspielraum, um improvisieren zu können, und Menschen, auf die ich mich verlassen kann.

Die Stunden vergehen langsam, die Zeit scheint verklebt. Unser Boot ist zum Spielzeug von Wind und Wellen geworden. Immer wieder dreht sich uns der Magen um. Ich denke an nichts mehr, der Kopf ist wie leer gefegt.

Im Hintergrund läuft das Mantra: „Alles ist gut. Wenn es sein muss, kann ich an Land schwimmen." Die restlichen Stunden an Wutausbrüchen, Vorwürfen und Zetermordio verschwimmen in meiner Erinnerung.

Ich verstehe, warum Tina in ihrer Sturmnacht ‚alles falsch gemacht hat'. In diesem Milieu ist das kaum anders möglich. Wie soll man denn einen vernünftigen Gedanken fassen, wenn man für alles, was man tut, beschimpft wird und ständig Angriffen ausweichen muss? Als hätte der Sturm nicht schon genug seinen Tribut gefordert, musste sie zusätzlich mit dem *auf* dem Schiff tobenden Kampf fertig werden.

Kurz vor zwei Uhr morgens laufen wir völlig erschöpft in den Hafen von Manele ein. Ich bin verstört und kann die einfachsten Anweisungen nicht mehr fehlerfrei ausführen. So zurre ich das Boot zuerst an der falschen Klampe fest und fahre hoch, als mich Chris ein weiteres Mal anschreit.

Ich beiße ein letztes Mal die Zähne zusammen, im Wissen, dass der Albtraum gleich vorbei ist. Die paar Stunden, die ich auf dem Boot schlafen muss, sind nicht angenehm, aber im Vergleich zu dem, was wir hinter uns haben, nicht der Rede wert. Augen zu und durch.

Lanai 4: Vom Leben aufgefangen

Am frühen Morgen, nach nur drei Stunden Schlaf, wache ich verstört auf und will nur weg von diesem Boot. Schon eigenartig, wie schnell sich das eigene Empfinden ändern kann.

Am Segelboot liegt es nicht, mit dem hätte ich problemlos bis Fiji fahren können. Ich weiß mit Sicherheit, dass ich einmal um die Welt segeln werde, aber nur mit inspirierenden Menschen, die achtsam miteinander umgehen.

Wie soll es jetzt weitergehen? Im General Store am Hafen hole ich mir einen Kaffee, um meine Matschbirne zu entnebeln. Beim Versuch, ihn mir einzuschenken, stoße ich dreimal hintereinander mit einer freundlichen Dame zusammen, beim dritten Mal verschütte ich sogar welchen über ihre weiße Seidenbluse. Gott o Gott, wie peinlich …

Ich entschuldige mich überschwänglich, sie schaut mich mit ihren engelsblauen Augen durchdringend an. „Bist du vom Crossing?", fragt sie, ohne auf mein Gestammel einzugehen.

Ich habe keinen blassen Schimmer, wovon sie spricht. Sie stellt sich als Juliana vor und lädt mich spontan zu einem 4-tägigen Anlass für ehemalige Alkoholiker ein. Warum sie mir das anbietet, weiß sie selbst nicht genau, sie meint strahlend, es fühle sich goldrichtig an.

Ich bin völlig perplex. Eben wollte ich den aggressiven Captain verlassen und jetzt stolpere ich in die Arme einer Frau, die mich einlädt, vier Tage mit ehemaligen Alkoholkranken auf Lanai zu campen.

„Alkohol hat mich nie interessiert", gehe ich auf ihre Einladung ein. „Aber das Thema wurde immer wieder von außen an mich herangetragen. Ich komme gerade von einem Segeldesaster mit einem verrückten Alkoholiker."

„Dann schließ dich der Al-Anon Gruppe an und du erhältst einen neuen Blickwinkel oder lernst, klarere Grenzen zu setzen. Im schlimmsten Fall verbringst du eine tolle Zeit mit spannenden jungen Leuten. Was meinst du?“ Sie schaut erwartungsvoll.

Ich fühle mich in ihrer Nähe geborgen und nehme ihre Einladung an, ohne zu zögern. Meine unermüdliche Bereitschaft, mich dem Leben nach heftigen Sturzflügen wieder zu öffnen, erstaunt selbst mich. Juliana macht es mir leicht.

Ein letztes Mal betrete ich mit mulmigem Gefühl das Boot, das mir den Traum vom glücklichen Segelabenteuer nicht erfüllen konnte, packe meine Habseligkeiten und mache mich erleichtert aus dem Staub.

Wieder einmal bin ich von der spektakulären Choreografie des Lebens hingerissen. Kaum habe ich meinen Entschluss, die beiden zu verlassen, ins Universum geschickt, öffnet sich die nächste Tür. Und was für eine. Ich bin total begeistert, so viele Einheimische kennenzulernen.

Tina begleitet mich zum Camp, um sich ein letztes Mal ungestört mit mir zu unterhalten. Mit aufgedunsenem Gesicht und verquollenen Augen sieht sie schrecklich heruntergekämpft aus. Ich rufe mir in Erinnerung, dass ich weder für sie verantwortlich bin noch wissen kann, was das Beste für sie ist. Also schlucke ich meine Beobachtungen hinunter und höre mir an, warum sie doch mit Chris weitersegelt.

„Ich bin sehr einfallsreich, wenn es darum geht, einen Weg zu finden, von ihm wegzukommen, wenn es unbedingt sein muss.“

„Der ideale Zeitpunkt, um ihn zu verlassen, wäre jetzt!“ Aber statt meine Gedanken laut auszusprechen, frage ich sie, ob sie wisse, dass von diesem Hafen aus eine Fähre nach Lahaina gehe. Sie ist überzeugt, dass es besser werden wird, wenn Chris das Boot in Hana in Reparatur gibt, denn sie hält es für die Ursache der meisten seiner Probleme.

Ich bin anderer Meinung.

„Ich glaube auch, dass Chris mich nicht im Stich lassen würde, selbst wenn die Dinge zwischen uns völlig aus dem Ruder laufen. Ich muss nur mit ihm reden, dann wird alles gut", setzt sie in beschwichtigendem Ton fort.

Versuchst du, mich oder dich zu überzeugen? Um sich einzureden, dass es nicht ganz so schlimm wird wie bisher, muss man von Selbstachtung weit entfernt sein.

Manche Menschen sind süchtig nach Schmerz, weil es das Einzige ist, was sie kennen. Deshalb fühlt sich dieser ‚sicherer' an als das Unbekannte, ‚lebendiger' als der Abgrund, vor dem sie zu stehen glauben, gäben sie die Identifikation mit dem Leiden auf.

Es steht mir nicht zu, darüber zu urteilen. Vor nicht allzu langer Zeit lebte ich an der Seite eines bipolaren Ehemannes, der eine Katastrophe nach der anderen in unser Leben brachte. Genau wie Tina war ich in der Illusion gefangen, dass es eines Tages besser werden würde, wenn ich mich nur genug anstrengte.

Ich kann Tinas Geschichte nachvollziehen, obwohl mir inzwischen klar ist, dass sie nicht wahr ist. Es fällt mir nicht leicht, ihr zuzusehen, weil ich aus eigener Erfahrung weiß, dass es möglich ist, aus solchen Gefängnissen auszubrechen. Aber das funktioniert eben nur, wenn die Gefangene es selbst will. Schweren Herzens lasse ich sie in die nächste Misere ziehen. Ich habe Moloka'i verlassen, um direkt in die Arme eines Engels in Menschengestalt zu segeln.

Die Tage am Crossing sind gefüllt mit AA-Meetings, verletzlichen Momenten, einzigartigen Begegnungen, verrückten Ideen, Spiel und Sport, BBQs und Relaxen am Strand. Meine absolute Lieblingsaktivität findet nachts am Lagerfeuer statt. Etwa 30 Leute versammeln sich dort, um Werwolf zu spielen, das nur in großen Gruppen funktioniert. Es weckt die Sinne, fördert die Beobachtungsgabe und ermöglicht eine Interaktion mit wildfremden Menschen, die schnell eine vertraute Nähe schafft.

Am dritten Tag begleitet mich Juliana auf die Terrasse des ‚Four Seasons'-Hotels, wo sie mir meine Fragen in einer Tiefe beantwortet, die mich überwältigt. Nach all den Demütigungen tut es gut, von ihr gesehen und gehört zu werden. Wir unterhalten uns so intensiv, als hätten wir einander Jahre nicht gesehen. Oder mehrere Leben?

Juliana sagt: „Hätte ich alles riskiert und dem Universum erlaubt, Rücken an Rücken mit mir zu tanzen, die Welt einfach auf mich zukommen zu lassen, wie du es tust, dann hätte ich viel mehr Bliss und Freude erfahren können. Ich habe einen Umweg gemacht und eine eher traditionelle Richtung eingeschlagen." Gedankenverloren rührt sie in ihrem Kaffee. „Was du lebst und die Menschen lehrst, ist über alle Maßen wertvoll und entspricht meinen höchsten Werten." Sie lächelt mich an. „Es spielt keine Rolle, ob Menschen ihr ganzes Leben der Aufgabe widmen, sich voll und ganz vom Universum führen zu lassen, oder ob sie sich nur ein klein wenig mehr öffnen. Viele opfern alles, um ganz in diesem gesellschaftlich anerkannten Muster der Konformität zu leben. Ihr Leben ist wie ein Gefängnisaufenthalt, sie sitzen quasi die Zeit auf Erden ab. Von einem erfüllten Leben voller Lebendigkeit sind sie meilenweit entfernt. Hätten sie den Mut, sich zu öffnen und zu träumen, dann würde die in ihnen schlummernde Lebenskraft erwachen." Sie rekelt sich in der Sonne.

„Dafür haben sie finanzielle Sicherheit", melde ich mich zu Wort. „Diese zwei Aspekte werden oft gegeneinander ausgespielt, als ob man nicht beides haben könnte. Du bist in Panik geraten, weil du vorübergehend nicht die Mittel hattest, um deinem Komfort entsprechend zu leben. Das zeigt, dass Vertrauen nichts mit dem aktuellen Kontostand zu tun hat. Denn obwohl du glaubtest, kein Geld mehr zu haben, warst du kurz davor, dir ein Haus auf Maui zu kaufen." Ich blicke aufs Meer, das sanfte Wellen an den Strand spielt.

„Verglichen mit deiner Ausgangslage müsste ich vor lauter Panik längst gestorben sein, denn ich besitze gerade mal 500 Dollar."

„Ja, du brauchst auch finanzielle Angst, um den Job zu machen, den du für uns alle machst. Wärst du reich, würdest du uns nicht beibringen, dem Universum zu vertrauen. Wie schwierig ist es, Vertrauen zu haben, wenn kein Risiko besteht? Darauf zu vertrauen, dass morgen die Sonne aufgeht, ist nicht so schwer, wie dem Typen aus dem Helikopter zu vertrauen, der dir zuruft: ‚Lass den Felsen los und nimm meine Hand, ich lass dich nicht fallen', während du über dem Abgrund baumelst." Sie schweigt eine Weile, um diese Botschaft sinken zu lassen, ehe sie fortfährt: „Das ist eine ganz andere Art von Vertrauen. Wenn du keine Ängste überwinden müsstest, würdest du uns nichts vorleben, was wir nachahmen können. Deine Erkenntnisse zeugen von deinem Einsatz. Wir würden dich nicht bewundern, wenn dich deine Fähigkeiten nicht etwas gekostet hätten. Ich brauche dein Buch nicht zu lesen, denn du hast mich in der kurzen Zeit, in der wir uns kennen, schon verwandelt."

Wir lachen beide. Dann erzähle ich ihr von meiner Horrornacht auf Molokai.

„Das scheint ein Missverständnis zu sein. Du hast auch gesagt, dass du auf Pele hörst und umkehrst, wenn sie sagt ‚Halt, bis hierher und nicht weiter'. Das hat nichts mit Angst zu tun, oder? Es geht nicht darum, der Angst nachzugeben, sondern darum, Peles Botschaft zu respektieren. Wenn du dieses Prinzip auf Molokai überträgst, hat nicht die Angst gesiegt, sondern du hast auf das Signal des Universums gehört. Der Fehler war höchstens, dass du länger gebraucht hast, um die Signale zu deuten. Ich glaube, du hast die Angst mit dem Universum verwechselt, das dir den Weg weisen wollte. So wurde es lauter und lauter, bis es dich schließlich angeschrien hat." Sie legt mir eine Hand auf den Arm.

„Deiner Ansicht nach wäre es darum gegangen, sofort in mein Auto zu gehen?", hake ich nach. „Denn der Impuls war augenblicklich da, doch ich habe ihn ignoriert und stattdessen auf die Angst gehört. Irgendwann hat sie mich so gelähmt, dass ich mich gar nicht mehr rühren konnte."

„Vielleicht nicht sofort", antwortet Juliana, „aber irgendwann im Laufe der Ereignisse hat das Universum dir klargemacht, dass es reicht, und du hast seine Botschaft mit der Angststimme verwechselt. Du betrachtest es als Schwäche, wenn du Angst hast. Du übst, auf das Universum zu hören, weigerst dich aber, auf dasselbe Universum zu hören, wenn es Nein sagt, auch wenn es manchmal die Angst benutzt, um uns dieses Nein zu verdeutlichen."

„Wenn ich mich von der Angst leiten lasse, wachse ich nie über mich selbst hinaus. Die Angst gaukelt uns Begrenzung vor und will, dass wir uns mit der kleinen, bedürftigen Schattenversion von uns zufriedengeben", wende ich vehement ein.

„Es ist ein großer Unterschied, ob wir aus dem großen Feld wahrnehmen und unsere Gedanken durch das göttliche Universum filtern oder ob wir nur auf das menschliche Gehirn hören", fährt Juliana ungerührt fort. „Ein Teil deiner Reise besteht für dich darin, den Unterschied zwischen der göttlichen Botschaft und der Analyse des Gehirns zu erkennen. Die Analyse des Gehirns bezieht alles auf sich selbst, macht die Dinge größer und dramatischer, als sie sind, und tut so, als gäbe es keinen Ausweg. Dass das nicht hilfreich ist, hast du bereits erkannt. Aber das Universum bedient sich unzähliger Möglichkeiten, um dich zu führen. Es kann dich bitten, Nein zu sagen, wegzugehen oder durchzuhalten. Manchmal ist die Tür auch einfach zu, wie du es vorhin so schön von deinen Retreats geschildert hast. Dieses Prinzip kannst du in deinem Leben noch breiter anwenden." Sie strahlt mich an.

„Das macht Sinn", sage ich nachdenklich.

„Der Unterschied zwischen dir und jemandem, der es nur theoretisch lehrt, ist, dass du bereits an das glaubst, was du uns beibringen willst."

„Es geht nicht darum, dass ich daran glaube, sondern, dass ich es lebe und verkörpere", präzisiere ich.

„Genau. Du lebst es vor", meint sie. „Gleichzeitig forderst du dich selbst immer noch heraus, dich deinen eigenen Ängsten zu stellen. Wenn es für dich nicht beängstigend wäre, da durchzugehen, dann wärst du nur eine Reiseleiterin. Tatsache ist, dass es Angst macht und du trotzdem durchgehst. Und es sind die Ergebnisse, die du erzielst, wenn du mit 30 Walen schwimmst und in den Bauch von Pele schaust, die dich glaubwürdig machen. Das ist mehr wert als jede Zertifizierung, als jeder Reichtum." Sie nimmt einen Schluck Kaffee. „Es geht nicht darum, dass du 20 Millionen Dollar verdienst, sondern darum, dass du deine Bucket List erfüllt hast. Das ist von unschätzbarem Wert. Es geht um Lebenserfahrung und du ermutigst uns, unsere Liste auch zu erfüllen, auch wenn es beängstigend ist. Der Square Dance mit dem Universum ist dein Geschenk an uns. Beim Square Dance drehst du dich mit einem Partner im Kreis und dann gibt er dich an den nächsten weiter. Du weißt nicht, wer der nächste Partner sein wird oder wann es weitergeht. Das Universum offenbart sich dir. Du bist da, hörst zu und die Ressourcen werden verfügbar." Ihre Leidenschaft hat sie etwas außer Atem gebracht. „Du bist so unglaublich geführt. Es ist beeindruckend."

„Dennoch zweifle ich immer mal wieder daran", sinniere ich. „Woran genau erkennst du, wie geführt ich bin?"

Sie grinst mich verschmitzt an und erwidert: „Ich stoße doch nicht dreimal mit jemandem zusammen. So etwas geschieht einfach nicht. Wenn du nicht auf die Zeichen des Universums achtest, sorgt es dafür, dass dir unmissverständlich klar wird, dass du und ich eine Botschaft füreinander haben, indem du mir Kaffee über die Bluse schüttest."

„Willst du damit sagen, dass ich sogar geführt bin, wenn ich gerade nicht auf meine Führung höre?“ Ich lache leise.

„Genau das! Absolut brillant.“

„Dann brauch ich mich ja gar nicht mehr so darum zu bemühen“, antworte ich nur zum Teil scherzhaft. „Das ist so gut zu wissen. Ich kann mich also noch entspannter dem Vertrauen hingeben.“

Nach dem Gespräch mit Juliana lege ich mich am Strand in die Sonne, dehne mich zum Wellenrauschen aus und verschmelze mit dem warmen Sand unter meiner Haut. Als ob unser Austausch eine Schleuse im Inneren geöffnet hätte, strömt neues Bewusstsein herein. Julianas Worte klingen nach.

Ich verstehe, was sie mir sagen wollte, und gehe in Resonanz mit dem Teil, dass das Universum vielfältige Möglichkeiten hat, um uns zu einer Richtungsänderung zu bewegen. Doch es ist ein schmaler Grat. Die Angst als etwas ‚Hilfreiches‘ im Sinne seiner Botschaft zu betrachten, geht für mich nicht.

Je mehr ich mich ausdehne, desto stärker lösen sich die klebrigen Überreste der Schattenidentität auf. Tief in mir spüre ich, dass Angst unnatürlich ist. Sie ist nicht Teil meines Wesens. Es ist ‚normal‘, Angst zu haben, aber nicht natürlich. Das ist etwas Übernommenes, Antrainiertes oder Gezüchtetes.

Uns wird beigebracht, dass die Welt ein gefährlicher Ort ist und sie eine Art Warnsystem sein soll, das uns ‚hilft‘, die richtigen Entscheidungen im Leben zu treffen. Wenn ich da hineinspüre, wird es ganz schwer, als trüge ich seit Anbeginn der Zeit eine Last mit mir herum, die mir nicht gehört.

Wann hat das Reagieren aus Angst jemals zu etwas Hilfreichem geführt? Da kommt noch ein Impuls rein. Was, wenn es nicht Angst, sondern Gewahrsein war? Habe ich die Todesangst von Tieren wahrgenommen? Da wird es ganz leicht und weit. Wie auf Knopfdruck entspannt sich mein gesamtes System.

Maui 4: Teil einer kosmischen Ordnung

Die Tage zurück auf Maui verbringe ich mit Schreiben, einem Ritual zur Sonnenwende und damit, meine neuen Bekannten vom Crossing wiederzusehen. Am letzten Abend vor der Heimkehr auf die Big Island mache ich bei Sonnenuntergang einen ausgedehnten Strandspaziergang in Lahaina. Dabei wird mir die Intensität dieser Reise bewusst und ich beginne, voller Bewunderung anzuerkennen, wie tief sie wirkt. Eine erfüllte Müdigkeit macht sich bemerkbar. Es ist Zeit, nach Hause zu gehen.

Ich schenke mir noch einen Tag zum Schreiben, nehme dann ein Flugzeug nach Kona. Ich kehre nicht zurück, sondern schreite vorwärts, denn ich kann nie wieder zu der Version von mir zurückkehren, die sich auf diese Reise begeben hat. So viel hat sich verändert, bewegt, verwandelt. Geführt, beschützt und gesegnet tanze ich mit dem Universum weiter und vertraue dem Leben jeden Tag mehr.

Ehe ich nach Hause fliege, lade ich mich gediegen zum Essen ein. Genießen, zelebrieren und wertschätzen ist sowas von angesagt. Kaum habe ich mich an einen freien Tisch gesetzt, sehe ich eine Kellnerin, die mir seltsam bekannt vorkommt. Aber nein! Kann das sein? Laila!

Die Welt ist klein. Laila hat mich beim Crossing auf Lanai erst fasziniert, dann abgeschreckt, schließlich fast eingeschüchtert. Beim letzten AA-Meeting durfte ich ihr Wesen sehen und war zutiefst berührt.

Jetzt schwirrt sie als Servierdüse am Tisch vorbei und freut sich riesig über das unverhoffte Wiedersehen. Auf meinem Strandspaziergang bin ich an unzähligen Restaurants vorbeigekommen, wusste aber nicht, dass sie hier arbeitet. Spirit hat wieder einmal souverän geführt. Viel Zeit zum Plaudern hat sie nicht. Doch da ihr zu Ohren gekommen ist, dass ich ein Buch über die Inseln schreibe, will sie mir ihre Lieblingskraftorte zeigen. Wir vereinbaren, am nächsten Tag dorthin aufzubrechen, bevor sie mich zum Flughafen fährt.

Am letzten Tag vor meiner Heimkehr erhalte ich ein beeindruckendes Abschiedsgeschenk des Lebens, die große Auflösung sozusagen. Spirit zeigt mir, worum es in Hana gegangen ist. Als wäre das alles von langer Hand geplant und choreografiert worden, der Tanz der kosmischen Perfektion bis zum letzten Augenblick. Nie hätte ich erahnen können, dass des Rätsels Lösung ausgerechnet durch die wunderbare Laila kommt.

Wir sind früh aufgestanden, um meinen letzten Tag auf Maui ausgiebig auszukosten. Sie besteht darauf, dass ich den Waihee Ridge Trail erkunde, während sie einen Termin bei ihrer Psychologin wahrnimmt.

Wie perfekt das von Spirit eingefädelt ist, wird sich erst zeigen, wenn sie mich nach ihrer Sitzung am Ausgang des Wanderweges wieder in Empfang nimmt. An Wundern zweifle ich schon lange nicht mehr, doch seine choreografischen Meisterwerke beeindrucken mich stets von neuem. Ich entwickle ein immer größeres Bewusstsein für diese Art der schicksalhaften Fügungen und je mehr ich diese Phänomene ergründe, desto mehr Sinn macht das Leben.

Doch der Reihe nach: Ich habe mit eher oberflächlichem Geplänkel gerechnet, gedacht, dass wir uns auf der langen Autofahrt in Richtung Flughafen ein wenig näher kennenlernen, habe mich aber gründlich geirrt. Laila verschwendet keine Sekunde, sondern spricht sofort ein Thema an, das sie seit einem Jahr belastet.

Wir kennen uns kaum und wie sie auf die Idee kommt, dass ich mich damit auskenne, ist mir bis heute schleierhaft. „Wie gehst du mit Verstorbenen um, die deine Aufmerksamkeit erregen?"

Wow. Nicht gerade das alltägliche Gespräch.

„Ich musste früh lernen, mit Verstorbenen umzugehen. Eine Zeit lang standen sie bei mir Schlange, um Botschaften an Lebende zu übermitteln. Ich war völlig überfordert und nicht sicher, ob das alles real war, also habe ich mir Hilfe geholt, um zu lernen, mit ihnen umzugehen. Seit ich klare Grenzen setze, sind die Besuche selten geworden und belasten mich auch nicht mehr", antworte ich ehrlich.

„Und wie machst du das?", fragt sie wissbegierig.

„Geht es um eine spezifische Situation?", frage ich vorsichtig zurück. In meiner Erfahrung ist es immer einfacher, anhand konkreter Beispiele zu arbeiten.

„Ja", meint sie kleinlaut, so als hätte ich sie bei einem Schwerverbrechen ertappt.

„Magst du mir erzählen, was dich beschäftigt?"

Sie zögert einen Moment, dann gibt sie sich einen Ruck. Die Chance, mit jemandem darüber reden zu können, ohne für verrückt erklärt zu werden, kommt wohl nicht oft daher.

Sie erzählt mir von einem Freund, der vor einem Jahr gestorben ist und den sie seither regelmäßig nachts an ihrem Fenster stehen sieht, wie er mit einer Taschenlampe ans Glas hämmert. Es jagt ihr furchtbare Angst ein, sie verkriecht sich dann unter ihrer Bettdecke und will, dass er aufhört. Sie fürchtet sich so vor ihm, dass sie nicht mehr schlafen kann und sich fragt, ob sie dabei ist, verrückt zu werden.

„Ich kann gut nachfühlen, dass dich diese Besuche erschüttern. Mir erschienen sie anfangs auch sehr bedrohlich, ich fühlte mich diesen Gestalten ausgeliefert." Tröstend will ich nur kurz ihre Hand drücken, doch sie lässt sie gar nicht mehr los.

„Hast du mal mit ihm geredet?", frage ich.

Entgeistert starrt sie mich an. „Ich ... nein, also ... das traue ich mich nicht. Er soll einfach damit aufhören, mich zu bedrängen."

Als ich sie frage, ob sie den Grund seiner Besuche kennt, kommen ihr die Tränen.

„Er kommt zu mir, weil ich … ich war … wegen mir ist er …“ Weiter kann sie nicht sprechen. Ihre Stimme bricht, ihre Schultern beben, laute Schluchzer entspringen ihrer Kehle. Ich ermutige sie, die Tränen fließen zu lassen, und füge besänftigend hinzu, dass ich ihr helfen kann, ohne die Hintergründe der Geschichte zu kennen.

Sie beruhigt sich ein bisschen.

„Ich habe das bisher noch niemandem erzählt. Die Leute würden mich in die Klapsmühle einweisen. Ich bin so froh, dass ich dich getroffen habe. Was hattest du eigentlich am Crossing zu suchen? Du hast doch überhaupt nicht dorthin gepasst, oder?“, will sie jetzt halb weinend, halb lachend wissen.

„Ich war dort, um Juliana zu treffen und um dir über den Weg zu laufen.“

Sie schaut mich mit großen Augen verwirrt an, doch ich bleibe beim Thema: „Eine meiner wichtigsten Erkenntnisse war, dass *ich* das Zepter in der Hand halte. Ich ging lange davon aus, dass Entitäten Macht über mich haben. In Wahrheit können wir, die wir einen Körper bewohnen und in physischer Form auf dieser Erde weilen, ihnen den Zugang gewähren oder verwehren. Sie kommen zu uns, weil wir die Fähigkeit haben, sie wahrzunehmen. Nicht viele Menschen lassen diese Art der Durchlässigkeit zu. Also wenden sich Verstorbene dahin, wo sie gehört werden.“

Sie unterbricht heftig: „Ich kann mich gegen diese Besuche nicht zur Wehr setzen. Je mehr ich das versucht habe, desto schlimmer ist es geworden.“

„Klar. Alles, was wir vermeiden, wird stärker. Es geht nicht darum, wegzusehen, sondern bewusst damit umzugehen. Sie dürfen anklopfen, aber du entscheidest, ob du die Tür aufmachst oder nicht. Wenn du diese klare Haltung einnimmst, können sie nicht über dich verfügen. Dieses Wissen hat mich von der Angst befreit, dass etwas mit mir geschieht, worauf ich keinen Einfluss nehmen kann."

Schweigend verdaut sie diese Information.

Ich nehme wahr, wie sich etwas in ihr aufrichtet und wieder seinen vorgesehenen Platz einnimmt. Als sie von ihren Händen aufschaut, fühle ich mich eingeladen, fortzufahren. „Es gibt verschiedene Gründe, warum Verstorbene mich aufsuchen. Manche wollen sich verabschieden oder einem Hinterbliebenen etwas Dringendes ausrichten. Wobei die Dringlichkeit nicht zeitlich zu verstehen ist, sondern nur ein Ausdruck der Wichtigkeit ist, die sie der Botschaft beimessen. Da, wo sie sind, gibt es keine Zeit."

Ich lasse ihr etwas Zeit, das zu verdauen. Dann fahre ich fort: „Sich unter Druck setzen zu lassen, weil das ‚Anliegen' mit einer gewissen Intensität daherkommt, ist nicht sinnvoll. Eine solche Botschaft muss vom Empfänger empfangen werden können, sonst richtet sie mehr Schaden an, als sie nützt. Manchmal braucht es Zeit, bis jemand bereit ist, sich anzuhören, was ihm ein Verstorbener sagen will. Und wir Lebenden dürfen uns dafür auch alle Zeit der Welt nehmen. Wir signalisieren die Bereitschaft dann, wenn sie in uns herangereift ist."

Laila entspannt sich. Sie streckt ihre Beine aus, die sie bis eben angezogen und fest umklammert hat. Ihr Gesichtsausdruck wird weicher, gelöster.

Ich erzähle ihr, dass manche Verstorbenen diese Daseinsebene erst verlassen können, wenn sie um Vergebung gebeten haben und dass andere da bleiben, weil ihnen etwas weggenommen wurde, sie an ein Haus oder einen Ort gebunden sind. Und ich berichte von denen, die nicht mitbekommen haben, dass sie gestorben sind und weiter so tun, als wären sie am Leben. Jenen ist entgangen, dass sie einen anderen Auftrag oder neuen Körper annehmen könnten, und so verharren sie dort, wo es sich vertraut anfühlt. Macht man ihnen bewusst, dass sie die Wahl haben, zu bleiben oder zu gehen, verschwinden sie meiner Erfahrung nach meistens augenblicklich.

„Bei dir klingt das so, als kämen Verwandte zu Besuch. Sind dir diese Begegnungen nicht unheimlich?“, möchte sie wissen.

Ich schüttle den Kopf. „In gewisser Weise sind wir ja auch alle miteinander verwandt. Für mich ist der Tod etwas Natürliches. Als ich mich bewusst dagegen entschieden habe, mit Verstorbenen zu arbeiten, weil ich das nicht als meine Aufgabe ansehe, sind die Besuche selten geworden. Was bleibt, ist eine seltsame Empfindung. Daran erkenne ich auch, wenn eine Verstorbene in meinem Feld ist. Es ist eine Art Kälte, die nicht mit der aktuellen Temperatur zu tun hat. Es ist nicht leicht, sie in Worte zu fassen.“

Sie platzt mir ins Wort, das sie genau wisse, was ich meine. Dann fragt sie zaghaft: „Glaubst du, ich sollte mit ihm reden?“

„Diese Entscheidung liegt allein bei dir. Wenn es zwischen euch etwas Ungelöstes gibt, kann es sich lohnen, sich anzuhören, was er dir sagen möchte. Allerdings nur, wenn du dich dazu bereit fühlst.“

Sie brütet eine Weile schweigend darüber. Ich spüre, sie quält etwas, was sie mir nicht sagen will. Oder kann. Ich bohre nicht weiter nach. Sie weiß jetzt, dass sie sich mir anvertrauen kann. Beim Parkplatz des Wanderweges unterbrechen wir unser Gespräch, ich gehe zum Bergkamm hoch, sie geht zu ihrer Therapie.

Der schmale Schlammpfad führt aufwärts durch einen etwas düster wirkenden Wald. Es tut gut, ein letztes Mal mit allen Sinnen mit Maui verbunden zu sein, und ich tauche tief in die Begegnung mit dem mystischen Waldgebiet ein.

Nach einem längeren Aufstieg führt der Pfad auf eine Ebene mit spektakulärer Aussicht. Ich setze mich auf die Bank und genieße den Blick auf zerfurchte, bewaldete Berge und tiefe Schluchten.

Genussvoll schließe ich die Augen, da kriecht mir ein frostiger Schauer über den Rücken. Wie ist das möglich, es ist doch gar nicht kalt? Dann erkenne ich die unangenehme Empfindung, von der wir eben gesprochen haben. *Ich bin nicht allein! Zufall? Wohl kaum.*

Ich atme tief durch und frage: „Wer ist da?“

„Lucas“, kommt es wie aus der Kanone geschossen.

„Wie kann ich dir helfen, Lucas?“

Er zeigt mir Lailas trauriges Gesicht.

„Bist du …“

„Ja.“

„Soll ich übersetzen? Was möchtest du ihr sagen?“

Er gibt mir zu verstehen, dass Laila keine Schuld trägt, nichts falsch gemacht hat und bittet darum, dass sie ihn gehen lässt. Er zeigt mir eine Umarmung der beiden und wie er dann erleichtert loslässt. Ich bedanke mich für seinen Besuch, doch Lucas ist schon weg. Tief berührt und mit Tränen in den Augen sitze ich eine Weile da, mit der Sonne im Gesicht, die das Kältegefühl vertrieben hat.

Zurück beim Parkplatz wartet eine aufgeregte Laila auf mich. Als ich sie nach ihrer Sitzung frage, sagt sie strahlend: „Es war heute ganz besonders. Ich habe meiner Therapeutin von unserem Gespräch erzählt und sie hat gemeint, du seist ein Geschenk des Himmels und sicher in der Lage, mir zu helfen, wenn ich dir die ganze Geschichte erzähle.“

Wow. Sie wurde vorbereitet auf das, was jetzt kommt. Das Leben ist einfach grandios. Als ich ihr eröffne, dass Lucas mich auf dem Grat besucht hat, will sie erschrocken wissen, woher ich seinen Namen kenne. Statt zu antworten, frage ich, ob sie hören möchte, was er ihr ausrichten lässt. Kurz zögert sie, erklärt sich dann bereit, seine Botschaft zu empfangen. Also schildere ich, was sich ereignet hat.

Als sie das hört, geben ihre Knie nach, ich kann sie auffangen und zu einer Parkbank führen.

„Er hat mir gezeigt, wie lieb er dich hat. Er umarmt dich zum Abschied und möchte, dass du ihn jetzt weiterreisen lässt."

Sie versteht nicht, warum er sie bittet, ihn gehen zu lassen, schließlich sei er ja die ganze Zeit zu ihr gekommen. Ich versuche in Worte zu fassen, was ich energetisch wahrgenommen habe: „Ich glaube, er wollte dich trösten und dich von deinen Schuldgefühlen erlösen. Er möchte nicht, dass du leidest. So wie ich das verstehe, hast du ihn mit deinen Schuldgefühlen an diese Existenzform gebunden. Bist du bereit, sie jetzt loszulassen?"

„Ja." Sie lässt ihren Tränen freien Lauf, während ich sie sanft in meinen Armen wiege. Eine große Last fällt von ihren Schultern. Und auf einmal sprudeln die Worte nur so aus ihr heraus:

„Lucas ist vom Festland zu Besuch gekommen. Bianca, Ron und ich wollten ihm die Insel zeigen. Die Jungs wollten die Süßwasserhöhlen beim Wai'anapanapa Beachpark in Hana erkunden. Ich hatte kein gutes Gefühl dabei und versuchte sie aufzuhalten, aber sie waren in ihrem Eroberungsdrang nicht zu bremsen.

Lucas hat sein Handy in einer Plastikhülle als Taschenlampe mitgenommen, um in der Höhle etwas sehen zu können. Als Ron nach einer Weile ohne ihn zurückkam, machten wir uns Sorgen und baten Ron, nach Lucas zu suchen. Er kam mit dem Handy zurück, von Lucas keine Spur. Wir riefen den Rettungsdienst. Die Feuerwehr konnte ihn tiefer im Höhlensystem unter Wasser sehen, aber sie waren nicht ausgerüstet, um seinen Körper aus dem Höhlensystem zu bergen. Wir konnten nichts tun und machten uns schreckliche Vorwürfe."

„Wo in Hana war das genau?", will ich wissen, obwohl mein ganzes System die Antwort auf diese Frage schon kennt.

„Kennst du den Wai'anapanapa Campingplatz? Von der Aussichtsplattform …"

„... kann man zu seiner Rechten die Höhlen sehen", beende ich den Satz an ihrer Stelle. „Ich war dort. Und mir wird gerade so einiges klar. Einfach nur krass!"

Sie schaut mich irritiert an.

„Hana hat eine unverkennbare Energiespur gelegt, damit ich dich finden kann. Wie ist es dann weitergegangen?"

„Die Air 1 kam der Feuerwehr mit mehr Rettungskräften und zusätzlichem Material zu Hilfe. Sie fanden Lucas schließlich 25 Meter vom Höhleneingang entfernt. Die Taucher des Rettungsteams holten ihn fünf Stunden später endlich an die Oberfläche. Er ist ertrunken. Für uns brach eine Welt zusammen." Sie schluchzt auf und weint heftig. Ich umarme sie und halte sie lange fest.

„Danke, dass du mir das alles erzählt hast. Ich habe jetzt verstanden, was ich damals in Hana gespürt habe, aber nicht einordnen konnte."

Auf dem Weg zum Flughafen erzähle ich ihr die ganze Geschichte. Sie kann es kaum glauben, und wir sind uns einig, dass das Leben uns zusammengeführt hat, um tiefe Wunden zu heilen und mir einen Einblick in die Mysterien des Seins zu schenken.

„Du bist so eine Inspiration. Ich kann es kaum erwarten, dein Buch zu lesen."

„Wie fühlst du dich jetzt?", frage ich sie am Randstein von Maui Flughafen, an dem vor zwei Monaten meine Initiationsreise begonnen hat.

„Ich bin total erleichtert, dass Lucas jetzt endlich in Frieden ruhen kann. Er wird nicht mehr kommen, oder?", will sie wissen.

„Was sagt dir dein Gefühl?"

„Dass er gegangen ist und dass auch mein Leben jetzt in Ordnung kommen wird."

„Ja, so nehme ich das auch wahr."

„Ich danke dir von ganzem Herzen. Ich hätte nie für möglich gehalten, dass ich mich innerhalb eines einzigen Tages so befreien kann. Du bist echt ein Engel."

„Juliana war meiner auf Lanai. Und du wirst ein Engel für jemand anderes sein. So gütig ist das Leben. Ich danke dir für dein Vertrauen, Laila. Lass es dir gut gehen."

Wir umarmen uns innig, und bevor ich die Flughafenhalle betrete, drehe ich mich noch einmal um und halte mit meinen Händen ein Herz in die Luft.

Big Island 3: Urvertrauen im Alltag

Bei keiner Insel war ich so aufgeregt wie bei der Rückkehr auf die Big Island. Am liebsten würde ich im Flugzeug laut singen und tanzen und das baldige Wiedersehen feiern, als würde ich eine Geliebte treffen.

Wie wird sie sich nach dieser befreienden Reise anfühlen und wie wird Pele auf meine Rückkehr reagieren? Ich kann ihr Glühen schon von Weitem spüren. Bin ich auch ein Vulkan? Lodert in meinem Herzen das gleiche Feuer und wofür brennt es?

Meine Mission als Abenteuerdesignerin, Transformationsexpertin, Tauchlehrerin und Autorin hat eben erst begonnen.

Ich kann es kaum erwarten, die Realität neu zu gestalten. Das gewonnene Urvertrauen hilft mir dabei. Die kommenden Monate werde ich damit beschäftigt sein, meine Steuererklärung auszufüllen, die nächste Greencard zu beantragen, mich scheiden zu lassen und den Umzug in die Schweiz zu organisieren.

Als wir in Kona landen, kommt mir Merlin wieder in den Sinn, der in Honolulu fragte, wie ich wissen würde, wann es Zeit wäre, mich diesen Angelegenheiten zu widmen. Wenn ich an dieses Gespräch zurückdenke, wird mein Herz weich. Die Zeit ist *jetzt*. Ich weiß es einfach. Und erstaunlicherweise freut es mich sogar, den Stier bei den Hörnern zu packen und die materielle Ebene zu ordnen, um Raum für Neues zu schaffen. Urvertrauen sei Dank.

Ich bin voller Energie, zuversichtlich und entschlossen, lebensverändernde Schritte anzugehen und egal, welche Hindernisse auf meinem Weg auftauchen, ich werde dranbleiben und sie überwinden. Was sich in mir freigesprengt hat, darf jetzt in der physischen Realität Ausdruck finden und Gestalt annehmen. Ich lasse die neue Freiheit in alle Bereiche meines Lebens fließen. ICH BIN Freiheit. So fühlt sich Urvertrauen an!

Es spielt dabei keine Rolle, womit ich mich beschäftige. Daher bitte ich um Flow und darum, dass sich die Dinge mühelos von selbst ordnen. Ich höre zu und erlaube Spirit, durch mich zu sprechen, jeden meiner Schritte mit Anmut und Leichtigkeit zu führen. Tapfer übe ich, Situationen zu umarmen, die mir bisher als Widrigkeiten des Lebens erschienen. Ich lächle mich in die Herzen von Sheriffs und Gerichtsbeamten, packe an, schreite vorwärts, gebe mein Bestes und überlasse das Timing und die Verwirklichung Spirit. Fristen werden eingehalten werden, weil der Tanz mit dem Universum vollkommen ist. Die Zeit ist eine Illusion.

Mein Herz ist voll, das Konto leer. Die Existenzfrage „Was machst du, wenn alles Geld aufgebraucht ist und du mit leeren Händen dastehst?" ist während meines Weges immer mal wieder präsent gewesen. Mein Urvertrauen ist gestärkt worden, jetzt geht es darum, das Gelernte im ‚Alltag' anzuwenden und umzusetzen.

Zu guter Letzt steht die Scheidung von dem Mann bevor, dem wir unsere Zeit auf Hawai'i verdanken. Falls diesbezüglich Unklarheiten entstanden sein sollten: Er ist nicht der Vater meines Sohnes.

Vor der Reise mit Spirit hätte ich mich angesichts der Flut juristischer Aufgaben in einem fremden Rechtssystem unter Druck gesetzt und überwältigt gefühlt. Nun funktioniert dieser Leistungsdruck nicht mehr. Zwar greift dieses alte Muster kurz, dann halte ich bewusst inne, dehne die Zeit aus und betrachte die Sachlage entspannt aus der Adlerperspektive.

Spannend zu beobachten ist, wie das alte, kontrollierende Selbst gleich in den ersten Tagen auf Big Island probiert, die Führung wieder an sich zu reißen. Es hadert mit dem ‚unlösbaren' Problem, dass mein Ex-Mann mit allen Mitteln versucht, die Scheidung zu verhindern, und sich weigert, mir seine Adresse auf dem Festland mitzuteilen. Das ist deshalb problematisch, weil die Scheidungspapiere erst eingereicht werden können, nachdem sie ihm zur Einsicht ausgehändigt wurden.

Es macht Spaß, wahrzunehmen, dass das alte Selbst mit seinem künstlich erzeugten Stress nichts mehr zu melden hat. Mit dem Fluss verbunden, lassen sich Herausforderungen entspannter angehen. Ich visualisiere die Gelassenheit, mit der ich die Wellen des Lebens reiten und es sogar genießen werde, neue Fähigkeiten zu entwickeln. Spirit schenkt mir die Gelegenheit, eine Abschlussprüfung in Sachen Vertrauen zu absolvieren.

In dieser anspruchsvollen Zeit kommt Hilfe von außen. Eine Freundin bringt Klarheit in die komplexen Abläufe, ein Anwalt macht mich auf kostenlose Rechtsberatung in der öffentlichen Bibliothek aufmerksam. Beim ersten Termin rät man mir dort, einen Privatdetektiv anzuheuern, um meinen Ex-Mann aufzuspüren. Aus reiner Neugierde googele ich, wie das funktionieren würde. Damit ist die Energie im Feld aktiviert.

In der darauffolgenden Nacht beschatte ich in einem Traum mit Thriller-Charakter meinen Ex-Mann wie eine Geheimagentin. Die Bilder sind nach dem Erwachen noch sehr präsent und äußerst amüsant. Warum eigentlich nicht? Ich könnte mich doch selbst zur Privatdetektivin ernennen und aufs Festland reisen, um ihn aufzuspüren. Die Idee gefällt mir.

Doch in diesem Moment taucht ein anderer Impuls auf. Vielleicht kommt er ja demnächst für einen Urlaub auf die Insel zurück. Ich bitte mir bekannte Taxifahrer, Verkäufer, Barkeeper und Bootsangestellte, die täglich mit vielen Menschen zu tun haben, nach ihm Ausschau zu halten und mich zu benachrichtigen, falls er auftauchen sollte. Tatsächlich wird er kurze Zeit später von einem Freund entdeckt.

Ich könnte vor Freude Purzelbäume schlagen. Robert, dessen Wohnung ich gerade putze, als die Nachricht eintrifft, fragt nach dem Grund meiner Aufregung. Ich bringe ihn auf den neuesten Stand der „Ermittlungen“. Hihi, der nächtliche Traum hat Spuren hinterlassen. Robert bietet an, sich auf Abruf bereitzuhalten, um zu gegebener Zeit die Scheidungspapiere auszuhändigen. Spirit soll mir ein Zeichen geben, wenn der richtige Moment gekommen ist.

Und dann ist er da, der unvergessliche Freitag, an dem ich mit verschärften Sinnen erwache und mit jeder Zelle meines Körpers weiß, dass heute die Action der Geheimagentin gefragt ist. Ohne eine Ahnung zu haben, *wie* das gehen soll, ist da nur diese unumstößliche Gewissheit, dass es mir gelingen wird, ihn zu finden. Die heiße Verfolgungsspur führt vom Home Depot, wo er gesichtet wurde, zum „Island Natural“, wo er gerne frühstückt.

Eine Stunde lang streift mein wachsamer Blick jede Person, die durch die Glasschiebetüren des Ladens geht. Er ist nicht dabei. Ich überlege eben, wohin die Spur als Nächstes führen könnte, da kommt Spirit mir zu Hilfe: „Bleib am selben Ort“, lautet seine klare Botschaft. Das ergibt Sinn. Wenn ich wahllos in der Gegend herumkurve, ist die Wahrscheinlichkeit groß, dass mir der Gesuchte durch die Lappen geht.

Im Geiste gehe ich alle Orte durch, die für meinen fixen Beobachterposten infrage kommen. Einer hebt sich von anderen ab und tritt leuchtend in den Vordergrund: der Hafen. Wenn mein Ex irgendwo auffindbar sein soll, dann dort.

Auf der Suche nach einem versteckten Platz im Honokohau Harbor, von dem aus ich den gesamten Bootskanal überblicken kann, ohne selbst gesehen zu werden, gehe ich in der Rolle der Geheimagentin auf. Meine Magennerven flattern, das ist alles äußerst aufregend, fast wie in einem Krimi.

In den nächsten Stunden scanne ich unbemerkt aufmerksam jedes Boot ab, das in den Hafen einläuft oder ihn verlässt. Nach einer

Weile macht mir die Hitze zu schaffen und es wird immer anstrengender, wachsam zu bleiben. Als der ehemalige Captain meines Ex von der Delfintour zurückkehrt, will ich auf die andere Seite des Hafens fahren, um herauszufinden, ob er nützliche Informationen hat. Doch Spirit sagt unmissverständlich: „Stay."*

Alles klar. Ich nehme mir vor, eine weitere halbe Stunde auszuharren – und tatsächlich: Auf dem übernächsten Boot, das den Hafen verlässt, entdecke ich ihn.

Perfekt. Robert schließt sich dem Stake-out an und gemeinsam behalten wir den Bootsverkehr im Auge. Als es endlich zurückkommt, versperrt Robert meinem Ex mit seinem Taxi die Durchfahrt bei der Bootsrampe. Er steigt aus und überreicht ihm das Dokument.

Vom Versteck aus beobachte ich atemlos die ganze Szene, stöhne vor Erleichterung auf und umarme Robert überglücklich. Nachdem wir die Aktion notariell haben beglaubigen lassen, feiern wir den gelösten Fall mit einem gediegenen Abendessen. Es sollte Roberts letztes großes Geschenk an mich bleiben, denn kurze Zeit später wird er tot in seinem Bett aufgefunden. Ich werde es ihm nie vergessen, die Dankbarkeit für ihn wird immer in meinem Herzen weiterleben.

Von da an bin ich nicht mehr aufzuhalten und mache bei den anwaltlichen Beratungsgesprächen so große Fortschritte, dass ich kurz vor meiner Abreise schließlich im Gerichtssaal sitze und der niedersausende Hammer des Richters die erfolgreiche Mission bekräftigt. Laut jubelnd stürme ich aus dem Gebäude und gehe ausgelassen feiern.

Zwei Wochen später fliege ich zurück in die Schweiz, um mit meinem Sohn wiedervereint zu sein und ein neues Kapitel zu beginnen.

Vom Zweifel zur Wahrheit

Zum Abschluss möchte ich Existenzängste und Zweifel auf ihren Wahrheitsgehalt untersuchen:

„Ich kann die Reise nicht antreten, sonst verliere ich meinen Job."

Ist das wahr? Ja, in meinem Fall war das so. Das ‚Ja' zum Herzenswunsch und der Reise erforderte die Bereitschaft, den Job loszulassen. War das ein Problem? Absolut nicht. Ich traf meine ehemalige Chefin Dustie Jahre später wieder und wir lachten gemeinsam über die damalige Situation. Sie erzählte mir, dass sie mich nur entlassen hatte, weil sie unter großem Druck stand, und dass ich auch ein Verlust für sie gewesen war. In 15 Jahren als Managerin des Hotels war ich eine von drei Angestellten, denen sie bedingungslos vertraute, um abends nach Hause zu gehen und abzuschalten, im Wissen, dass wir die Herausforderungen in ihrem Sinne meistern würden. Dustie und ich sind bis heute befreundet geblieben und sie würde mich jederzeit wieder einstellen.

„Ich kann die Reise nicht antreten, denn ich habe nicht genug Geld."

Ist das wahr? Dies ist eine der meist verwendeten Ausreden. Ich bin mit 2000 Dollar auf eine Reise unbestimmter Dauer aufgebrochen und es gab kein Erspartes auf einem Bankkonto, auf welches ich hätte zurückgreifen können. Das Einzige, was ich zum Zeitpunkt des Aufbruchs besaß, war mein Auto auf Big Island.

Es ist während der gesamten Reise kein zusätzliches Geld reingekommen. Spirit hat mich auf unzählige andere Weisen reich beschenkt und so geführt, dass ich mit 2000 Dollar zwei Monate unterwegs sein konnte. Wer schon einmal auf Hawai'i war, weiß, wie teuer diese Inseln sind. Hätte die Reise länger gedauert, hätte ich mehr Geld gehabt? Nein, denn der Impuls, nach Hause zu gehen und mich neuen Aufgaben zuzuwenden, war glasklar. Wäre ich anders gereist, wenn mir Geld zur Verfügung gestanden hätte? Sicher. Doch zum Wiedererlangen meines Urvertrauens spielten die begrenzten Ressourcen eine wesentliche Rolle.

Obwohl mir ein Umzug in die Schweiz bevorstand (nicht eben günstig), gab ich das letzte Geld auf der Reise getrost aus und vertraute darauf, dass Spirit dafür eine Lösung hatte. Und das tat er: Ein Besuch bei meiner Treuhänderin ergab, dass mir das Finanzamt 4000 Dollar schuldete. Ich kehrte nicht mit leeren Händen in die Schweiz zurück.

„Ich kann die Reise nicht antreten, sonst lande ich nach meiner Rückkehr auf der Straße ohne Geld, Job und Wohnung."

Ist das wahr? Am Tag meiner Rückkehr auf Big Island investierte ich voller Freude meine allerletzten 25 Dollar in ein Thai-Curry und genoss das Gefühl des luftleeren Raums, das von mir Besitz ergriff. Ich informierte Freunde und Bekannte, dass ich wieder da war, und bat Spirit, mir großzügig Geld zukommen zu lassen. Seine Antwort kam postwendend: Am ersten Tag übernahm ich auf Johnnys Boot eine Manta-Tour, am zweiten verkaufte ich ein Bild und am dritten tauchte ich gegen Bezahlung nach einer verlorenen Kamera. Zwei meiner ehemaligen Boots-Arbeitgeber baten mich, gelegentlich einzuspringen und für Einsätze auf Abruf bereitzustehen. Und so ging es nahtlos weiter.

Ich war weder auf Jobsuche, noch bemühte ich mich darum, Arbeit zu finden. Die Angebote kamen von selbst, ohne dass ich einen Finger krümmte. Das Universum hatte die Bitte gehört und kam ihr nach. Flow macht Spaß.

Das Freelancen eröffnete mir ein neues Spielfeld, bei dem ich im Gegensatz zu einer Festanstellung nichts zu verlieren hatte und ich probierte mutig aus, wie ich in dieser oberflächlichen Welt des Unterhaltungskonsums mehr ich selbst sein konnte.

Ich bin weder für Smalltalk gemacht, noch liegt mir die Rolle des Entertainers. Meine Gabe ist es, die Liebe für den Ozean zu teilen und Räume zu schaffen, in denen Menschen Vertrauen schöpfen und sich mehr zutrauen. Seit ich mich nicht mehr verstellte, entstanden häufiger berührende Momente mit Gästen, die schätzten, dass ich ihnen mit meiner ruhigen, besonnenen Art authentisch begegnete, statt die Rolle des Entertainers zu spielen. Befreit vom Bedürfnis, zu entsprechen und mich anzupassen, fiel die alte Haut des ‚alles richtig machen Wollens' von mir ab. Ich staunte, wie mühelos es mir auf einmal gelang, ich selbst zu sein, in einer Welt, in der mein wahres Selbst vorher keinen Platz zu haben schien.

Bezüglich meiner Wohnsituation bevorzugte ich, die restliche Zeit auf der Insel voll auszukosten. Ich gab den festen ‚Wohnsitz' auf und lebte so, wie es mir am besten gefällt: am trockenen, sonnigen Strand und im geräumigen Auto. Nicht, weil es keine anderen Möglichkeiten gegeben hätte, sondern weil mir das am meisten Spaß machte. Außerdem wurde die Regenzeit im Dschungelcamp zermürbend. Die Mückenplage war unerträglich und die Kleider schimmelten, da nichts mehr trocknete.

Ich genoss die kostbaren Momente in der Natur, sättigte mich mit dem Mana* der Insel und zelebrierte jede Nacht unter dem Sternenhimmel. Es gibt nichts Schöneres, als das Rauschen der Wellen, den Himmel voller Sternschnuppen und bei Sonnenaufgang ins Meer zu springen, um mit den Delfinen zu schwimmen. In der Schweiz würde ich das alles vermissen, und so füllte ich mein Herz mit magischen Ozeanmomenten, um lange davon zehren zu können.

War die Angst, mit leeren Händen auf der Straße zu landen, real?

Nein, nicht im Geringsten. Ich hätte im Dschungelcamp bleiben, Housesitten oder bei Freunden unterkommen können, wählte aber aus freien Stücken, ‚obdachlos' zu sein.

„Ich kann die Reise nicht antreten, ich habe Dringenderes zu tun."

Ist das wahr? Meine Zeit auf Hawai'i hatte eine Deadline. Dass ich so kurz vor dem Rückzug in die Schweiz auf ein solches Abenteuer aufgebrochen war, im Wissen, dass wichtige Angelegenheiten meine Aufmerksamkeit erforderten, war alles andere als ‚vernünftig'. Dennoch war es eine der besten Entscheidungen im Leben und sie war im vollen Einklang mit meinem nächsten Entwicklungsschritt.

Das einzige, was mir in den letzten drei Monaten nicht glückte, war, die zehnjährige Greencard zu erhalten. Grund dafür war nicht die Reise mit Spirit und die dadurch versäumte Zeit, sondern dass ich nach meiner Rückkehr in die Schweiz wegen Covid zu lange nicht mehr in die USA einreisen konnte.

Erkenntnisse der Reise

Herzlichen Dank fürs Mitreisen. Einige letzte Erkenntnisse möchte ich gerne noch mit dir teilen:

Hawai'i Power, be careful what you ask for

Die Energie auf Hawai'i macht deutlich, welch kraftvolle Schöpfer wir sind. Bestimmt bist du mit dem Sprichwort aus den Äsops Fabeln vertraut: „Sei vorsichtig, was du dir wünschst, es könnte in Erfüllung gehen." Auf den Inseln ist die Zeit zwischen Senden und Empfangen extrem kurz. Alles manifestiert sich schnell, Erwünschtes wie Unerwünschtes, Bewusstes wie Unbewusstes. Daher ist es essenziell, darauf zu achten, worum man bittet, in seiner Wahl selektiv zu sein. Nicht alles, was wir wünschen, tut uns gut. Das Universum bewertet Anfragen nicht, es antwortet auf die Energie, die wir aussenden. Auf jedem Energielevel gibt es der Frequenz entsprechende Menschen, Erfahrungen und Inhalte.

Einblick in größere Zusammenhänge

Wenn du dich hingebungsvoll führen lässt, erhältst du Einblick in größere Zusammenhänge. Wäre ich auf meiner Reise einem Plan gefolgt, hätte ich Maui kein zweites und/oder drittes Mal besucht, hätte nie erfahren, was mir Hana zeigen wollte. Wahrscheinlich hätte ich das Erlebnis als *schräg* abgestempelt und ad acta gelegt. Mein ‚Inselgehopse' war für den Verstand weder logisch noch nachvollziehbar.

Im Alltag sind wir in geregelte Abläufe eingebunden, von welchen wir nur selten abweichen. Dieser Gewohnheit entsprechend verhalten sich viele sogar im Urlaub. Sie machen Pläne und halten sich daran. Alles ist im Vorfeld gebucht, um sich anschließend um nichts mehr kümmern zu müssen. Das mag erholsamer sein, verhindert aber, dass Synchronizitäten eintreten können.

„Richtige und falsche" Entscheidungen

Das Ereignis in Hana hatte ich missinterpretiert, denn die Tür, nach Hana zu *fahren*, war weit offen (die ganze Fahrt dahin absolut magisch), die Tür zu *bleiben*, zu. Ich war von der Idee eingenommen, dass es um die Begegnung mit dem Ort ging und das stimmte auf eine gewisse Weise, denn Hana hatte eine Botschaft für mich. Doch der Auftrag war nach zehn Minuten erfüllt. Auf die Frage „Ist mein Job hier schon erledigt?" hätte ich ein klares Ja erhalten und sofort losgelassen.

Wie sieht es mit der Entscheidung aus, nach Lanai zu segeln? Hätte Spirit ja gesagt, wenn ich gefragt hätte? Die Erfahrung hat mich Unmengen an Energie gekostet.

Klar, kann man jetzt argumentieren, dass es genauso hatte sein müssen, um Juliana und Laila kennenzulernen. Diese beiden Begegnungen waren wichtig, daran ist nicht zu rütteln. Doch das ist nicht die ganze Wahrheit. Spirit würde uns nie zu altem Leid führen. Wir selbst entscheiden immer wieder gegen uns, weil wir gelernt haben, dass das, was uns schmerzt, uns auch helfen kann. Es gibt keinen intelligenten Grund, am Elend festzuhalten. Oder anders gesagt, keine Intelligenz im Universum würde bewusst das Leiden wählen.

Ich habe in meinem Leben oft „falsch" gewählt. Es im Nachhinein schöngeredet und geradegebogen. Doch mit der Zeit entwickele ich die Fähigkeit, nüchtern zu betrachten, wohin mich eine Entscheidung geführt hat. Ehrlich hinzuschauen, ist unumgänglich, wenn ich aus automatisierten Handlungen aussteigen und Wiederholungszwänge unterbrechen will.

Wir werden leider nie erfahren, welche Geschenke auf mich gewartet hätten, hätte ich auf Spirit gehört. Der Fehler war nicht, nach Lanai zu segeln, sondern aufs falsche Boot zu steigen. Hätte ich meinen Übermut durchschaut und besser geprüft, worauf ich mich mit den beiden Seglern einlasse, hätte ich trotz Sehnsucht darauf verzichtet. Wer weiß, wer als Nächstes daher gesegelt wäre, um mich mitzunehmen?

Der innere Kompass und die Symphonie des Lebens

Ich weiß, dass ich im Grunde wenig weiß, deshalb versuche ich stets zu wahrer Erkenntnis zu gelangen. Erkennen kommt immer aus dem Inneren. Orientierst du dich an deinem inneren Kompass, hörst du damit auf, Schutz außerhalb von dir zu suchen, und wirst unabhängig von der Meinung und Anerkennung anderer Menschen. Die Sicherheit im Außen ist eine Illusion, sie kann jederzeit zusammenbrechen. Deine innere Führung hingegen wird dich verlässlich durch alle Stürme lotsen, so du es zulässt. Das nicht nur theoretisch zu wissen, sondern täglich zu erfahren, bringt Ruhe und Frieden in dein Leben.

Wenn du die volle Verantwortung für deine Kreationen und Co-Kreationen übernimmst, wird dir klar, dass du gleichzeitig ein winziges Sandkorn in einer riesigen Wüste und ein mächtiges Schöpferwesen bist. Diese Demut ermöglicht es dir, selbstbestimmt und im Einklang mit der Schöpfung durchs Leben zu gehen. Was nicht heißt, dass du keine Fehler mehr machst. Wachstum hört nie auf. Es geht nicht um Perfektion, sondern um Wahrheit.

Wach zu sein bedeutet, dem inneren Theaterstück entspannt zuzuschauen und wenn es dir nicht gefällt, den Theatersaal zu verlassen.

Das Leben hat einzigartige Wege, dich durch Stürme zu navigieren. Alles ist miteinander verbunden, verwoben. Erlebst du Ereignisse isoliert und interpretierst sie deshalb als rein zufällig, werden dennoch hinter den Kulissen Fäden gezogen, damit jeder Mensch genau das erfahren kann, was seiner ausgesandten Signatur entspricht. Ich habe auf meiner Initiationsreise erlebt, wie sich das Leben entfaltet und das Universum mit uns tanzt, wenn wir uns nicht mehr einmischen. Sobald wir eine Haltung des Staunens einnehmen und davon ausgehen, dass es eine höhere Ordnung gibt, die führt, lenkt, beschützt und trägt.

Natürlich bleibst du Schöpfer*in der eigenen Wirklichkeit. Aber die Verwirklichung deiner Kreationen ist so mannigfaltig, dass du sie besser dem Universum überlässt.

Wenn dir vermeintlich „Schlimmes" widerfährt, kann es eine Warnung sein, ein Hinweis auf etwas Bevorstehendes, eine Aufforderung, innezuhalten und ein Vorhaben erneut (oder überhaupt) zu prüfen. So sorgt das Leben dafür, dass du zur richtigen Zeit am richtigen Ort bist, um Zugang zu deinem nächsten Entwicklungsschritt zu erhalten, oder fernbleibst, um nicht Teil einer Katastrophe zu werden.

Hast du beschlossen, was dir alles *nicht* zustoßen sollte, verhinderst du unter Umständen wichtige Wachstumsschritte. Darunter liegt die falsche Annahme, dass dir etwas geschehen kann. Entsprechend der Energie, die du bereit bist zu verkörpern, schickt dir das Leben Einladungen, die das Potenzial enthalten, dich aus deiner aktuellen Bewusstseinsebene in die nächste zu katapultieren.

Die Wahl liegt bei dir. Nutzt du die Erfahrung als Katalysator oder entscheidest du, den Ereignissen ohnmächtig ausgeliefert zu sein und im altbekannten Schmerz zu verharren? Wir haben *stets* Alternativen, auch wenn es sich nicht immer so anfühlt.

Einen Zug zu verpassen, der entgleist, ist der reinste Segen. Genauso wie eine Grippe zu bekommen, die dich davon abhält, am

Tag des Amoklaufs in der Schule zu sein. Du erhältst die Traumwohnung nicht, weil sie kurz darauf niederbrennt oder der annullierte Flug verhindert, dass du einen Tsunami erlebst. Manche wählen, eine Misshandlung auf sich zu nehmen, um einen anderen geliebten Menschen davor zu bewahren. Oder sie stellen sich einem Kriminellen für ein Verbrechen zur Verfügung, damit seine Machenschaften aufgedeckt werden und er keinen weiteren Schaden anrichten kann.

Das Leben ist unfassbar komplex und geheimnisvoll und die Wahrheit hinter den Dingen ist oft eine andere, als was wir vordergründig annehmen.

Manchmal wünschte ich, wir hätten Einblick in all die parallelen Realitäten, die als Alternativen gleichzeitig da sind, und könnten sehen, wie unterschiedlich unser Leben verlaufen wäre, hätten wir in manchen Situationen eine andere Wahl getroffen. Was, wenn wir im Voraus erkennen könnten, wohin eine Entscheidung führt?

Ja, es ist möglich, energetisch abzufragen, was es kreiert, dies und jenes auszuwählen oder nicht. Doch was da alles angeknüpft ist und in welchem Ausmaß das unser Leben prägen wird, das können wir nicht überblicken. Zumindest ich nicht. Falls du das kannst, freue ich mich darauf, von dir zu lernen.

„Ganz frei zu leben ist für mich kein Ideal, sondern die Destination, auf die ich mich zubewege." Guy Finnley

Schlusswort

Ich bin ausgesprochen dankbar für die Erde, die Inseln und ihre Naturschätze, den Ozean und seine Bewohner, die vielen tiefen Begegnungen und die hawai'ianische Kultur, die meine Reise zur Einweihung gemacht haben. Dankbar für alle Menschen, die zur Entstehung meines Buches beigetragen haben, ob als Protagonisten, Sponsoren oder Vorfreudige. Ihr echtes Interesse hat mich motiviert, dranzubleiben und durchzuhalten. Es war keine leichte Aufgabe, 70 % des eigentlichen Inhalts loszulassen und meine sprudelnden Ideen in eine Form zu bringen, die für dich, liebe Leserin, lieber Leser, nachvollziehbar ist.

Von ganzem Herzen möchte ich allen Menschen danken, die im Buch vorkommen und mir erlaubt haben, solch persönliche Momente mit dir zu teilen.

Großer Dank gebührt auch meinem Partner, der nie an mir gezweifelt und mir durch alle herausfordernden Phasen der Überarbeitung stets den Rücken gestärkt hat. Sein Rückenwind war der reinste Segen.

Ebenso dankbar bin ich meiner Mutter Monika und der großherzigen Familie Wohlwend-Laubscher, die mir diese Erfahrung überhaupt ermöglicht haben, und meinem Sohn selbst, der im Alter von 13 Jahren mutig beschlossen hat, ein Jahr ohne mich in der Schweiz zu verbringen.

Ohne Jörgs großzügiges Darlehen wäre dieses Projekt nicht zustande gekommen. Von ganzem Herzen Danke für deine Unterstützung und dein Vertrauen.

Tiefe Dankbarkeit verspüre ich auch für meine Mentorin Petra Polk und meine Lektorin Eva Laspas. Sie haben mir mit Rat und Tat zur Seite gestanden und haben mich souverän durch alle Etappen des Prozesses begleitet. Ohne sie wäre das Buch ein völlig anderes geworden. An den vielen Schleif- und Triggermomenten ist nicht nur mein Buch gewachsen, sondern auch ich als Autorin.

Und nicht zuletzt bin ich mir selbst dankbar für meine unermüdliche Bereitschaft, zu lernen, zu wachsen und zu teilen, für den Mut, mich auf solche Abenteuer zu begeben und das Vertrauen, mir ein Projekt wie dieses Buch zuzutrauen. Begabt zu sein ist das Eine, was draus zu machen, was ganz anderes. Ich bin stolz auf mich.

Doch am dankbarsten bin ich dir, liebe Leserin, lieber Leser. Du hast mir deine Zeit geschenkt und diesem Buch erlaubt, einen Unterschied im Leben zu machen. Dein Eintauchen und Teilhaben macht mein Memoire zu einem lebendigen Wesen, das wirkt und die Welt bereichert. Ganz herzlichen Dank!

Wörterbuch der Hawai'ianischen Ausdrücke

Āina	Land, Erde
Akua	Gott, Göttin, Idol, Geist, Übernatürliches, Göttlichkeit
Ali'i	Chef/in, Monarch/in, König/in, Aristokrat/in, Offizier/in
Aloha	Liebe, Zuneigung, Mitgefühl, Gnade, Freundlichkeit, Gruß, Gefühl, Nächstenliebe, Anrede, Liebhaber, Geliebte/r
E komo mai	Willkommen
Haole	Weißer, Amerikaner, Engländer, Kaukasier, Ausländer
IMUA	Voranschreiten, drauflosgehen, einer Sache, Idee oder Person treu bzw. verpflichtet zu sein
Kahuna	Priester, Zauberer, Schamane, Experte
Kapu	Tabu, Verbot, verboten, untersagt, kein Zutritt, betreten verboten, Sonderrecht, Heiligtum, heilig, geweiht
Lānai	Veranda, Balkon, Stand, Schuppen
Mahalo/ nui Loa	Danke, Dankbarkeit/ herzlichen Dank
Makana	Gabe, Geschenk, Belohnung, Spende

Mana	Übernatürliche oder göttliche Kraft, wundersame Macht, Privileg, Autorität, Macht
Ohana	Familie, Verwandte, verwandt
Pele	Vulkangöttin, Lava Flow, Vulkan, Vulkanausbruch
Poke	in Scheiben oder Stücke schneiden (verw. roher Fisch)
Tūtū (Kūkū)	Großmutter, Oma

Englische Ausdrücke

We need you hitch-hiking.	Wir brauchen es, dass du per Anhalter fährst.
Silly girl	albernes Mädchen
You are so beautiful	Du bist so schön
Creepy	unheimlich
No one else gonna come	Niemand sonst wird vor Einbruch
this way before dark,	der Dunkelheit hier vorbeifahren,
sista, thought I'd betta come get ya.	Schwester, ich dachte, ich hol dich besser ab.
Stay	Bleib hier

Sharon Makana Seban

Transformationsexpertin, Abenteuerdesignerin, Tauchlehrerin, Autorin, Künstlerin

Ich bin ein Turbo-Katalysator. Meine Energie rüttelt auf, weckt, klärt und bringt ins Fließen. In meinen Räumen kannst du dich fallenlassen, dir in einer neuen Tiefe begegnen und über dich hinauswachsen. Ich begleite deinen Erwachungsprozess mit Präzision und Feingefühl. Du möchtest dem Leben vertrauen, mutig und frei deinen Weg gehen? Alles, was es braucht, ist Bewusstsein und die Bereitschaft, sich einzulassen. Ich begleite dich bei der konkreten Umsetzung deiner Anliegen.

Angebote:

- Online-Kurse
- IMUA-Trust Life Wochenendseminare
- Wüstenreisen: Visionssuchen und Kameltrekkings
- Ozeanreisen: Delfin- und Walhai-Seminare
- PADI Tauchkurse und Tauchseminare
- Hawai'i-Retreats
- ‚Bucket List'- Challenge
- Jahrestraining: Dein Weg ins Urvertrauen

www.sharonmakana.com

Individuelle Begleitung im VIP-Format

- Buche ein Mentoring im 1:1, auf deine nächsten Entwicklungsschritte abgestimmt
- Lass dir dein persönliches Transformations-Abenteuer zusammenstellen und von mir begleiten

Buche mich als Speakerin für

- Vorträge
- Interviews
- Podcasts
- Lesungen

Anfragen bitte unter **info@sharonmakana.com**

Buche mich als Künstlerin

- Ich gestalte/ dekoriere Räume (Yogastudios, Retreat-Center, Hotels, etc.)
- Ich male persönliche Wesensenergie-Bilder

Alle käuflichen Bilder unter **www.sharonmakana.com/art**

Mein Geschenk an dich

Zu guter Letzt möchte ich dir ein Geschenk machen. Um den Lesefluss der Geschichte nicht unnötig zu unterbrechen, habe ich an vielen Stellen darauf verzichtet, mehr Selbstreflexion in das Buch einfließen zu lassen. Damit du dennoch in den Genuss der vielen herausgenommenen Texte kommst, hier eine kleine Sammlung zusätzlicher Gedanken, die sich im Laufe meiner intensiven Erfahrung herauskristallisiert haben. Viel Freude damit ☺

https://sharonmakana.com/geschenk

Über ein Feedback per Mail, was das Buch mit dir gemacht hat, würde ich mich von Herzen freuen. Auf meinen sozialen Medien findest du Videos, Bilder, Podcasts und meinen Blog.

Instagram: sharon_makana

Facebook: Sharon Makana

Telegram- Kanal: https://t.me.IMUATrustLife

YouTube- Kanal: @sharonmakana7366

Printed by Amazon Italia Logistica S.r.l.
Torrazza Piemonte (TO), Italy

80751927R00107